Moda vintage

Título original em inglês: *The Vintage Pattern Selector: The Sewer's Guide to Choosing and Using Retro Styles*
Copyright © RotoVision 2013
Copyright do texto © Jo Barnfield 2013

Este livro foi publicado em inglês pela RotoVision SA, Sheridan House,
114 Western Road, Hove, East Sussex BN3 1DD, England.

Este livro contempla as regras do Novo Acordo Ortográfico da Língua Portuguesa.

Editor gestor: Walter Luiz Coutinho
Produção editorial: Priscila Mota

Tradução: Beatriz Bellucci, Carolina Pereira e Denise Chinem

Revisão técnica: Ana Luiza Olivete
  Mestre em Design de Moda com foco Têxtil pela Universidade da Beira Interior (UBI) (Portugal), com período sanduíche no Mestrado Têxtil e Moda da Universidade de São Paulo (USP)
  Especialista em Marketing de Moda pela Universidade Anhembi Morumbi (UAM)
  Formada em Estilismo em Moda pela Universidade Estadual de Londrina (UEL)
  Consultora Empresarial no SEBRAE-NA
  Docente no curso de graduação em Design de Moda–Estilo no SENAC São Paulo

Revisão de tradução: Cristine Akemi Sakô e Maria Renata de Seixas Brito
Revisão de prova e diagramação: Depto. editorial da Editora Manole
Adaptação da capa para a edição brasileira: Depto. de arte da Editora Manole
Projeto gráfico original: Emily Portnoi

Dados Internacionais de Catalogação na Publicação (CIP)
(Câmara Brasileira do Livro, SP, Brasil)

Barnfield, Jo
  Moda vintage : manual prático para selecionar e confeccionar roupas no estilo retrô / Jo Barnfield ; [tradução Beatriz Belluci, Carolina Pereira e Denise Chinem]. -- Barueri, SP : Manole, 2013.

  Título original: The vintage pattern selector : the sewer's guide to choosing and using retro styles
  Inclui CD
  Bibliografia
  ISBN 978-85-204-3809-1

  1. Corte e costura – Manuais, guias etc. 2. Moda 3. Roupas femininas I. Título.

13-10361 CDD-646.07

Índices para catálogo sistemático:
1. Moda vintage : Corte e costura : Estudo e ensino   646.07

Todos os direitos reservados. Nenhuma parte deste livro poderá ser reproduzida, por qualquer processo, sem a permissão expressa dos editores.
É proibida a reprodução por xerox.
A Editora Manole é filiada à ABDR – Associação Brasileira de Direitos Reprográficos.

Edição brasileira – 2014

Direitos em língua portuguesa adquiridos pela:
Editora Manole Ltda.
Av. Ceci, 672 – Tamboré
06460-120 – Barueri – SP – Brasil
Tel.: (11) 4196-6000 – Fax: (11) 4196-6021
www.manole.com.br
info@manole.com.br

Impresso na China
Printed in China

Moda vintage

MANUAL PRÁTICO PARA SELECIONAR E CONFECCIONAR ROUPAS NO ESTILO RETRÔ

Jo Barnfield

Sumário

Moldes e códigos 6
Linha do tempo: de 1920 a 1970 8

CAPÍTULO 1:
VESTIDOS 11

Visão geral dos estilos
O vestido de melindrosa: década de 1920 ... 12
O pretinho básico: década de 1920 em
  diante 14
Corte enviesado: década de 1930 16
A frente única: décadas de 1930, 1950
  e 1970 18
A cintura no lugar: década de 1950 20

Modelagens
Vestido de cintura baixa: década de 1920 ... 22
Vestido de baile: década de 1950 26
Minivestido: década de 1960 30
Vestido longo: década de 1970 36

CAPÍTULO 2:
BLUSAS E DETALHES 43

Visão geral dos estilos
Botões: década de 1920 em diante 44
A gola Peter Pan: década de 1920 em
  diante 46
A gola blazer: década de 1950 48
A gola pontuda: década de 1970 50
Punho de camisa: década de 1970 52

Modelagem
Blusa: décadas de 1920, 1940 e 1970 54

CAPÍTULO 3:
SAIAS 59

Visão geral dos estilos
A saia-lápis: década de 1950 60
A saia godê: década de 1950 62
Saias plissadas e pregueadas: décadas
  de 1950 e 1960 64

Modelagens
Saia de pregas: década de 1950 66
Saia godê: década de 1950 70

CAPÍTULO 4:
CALÇAS E SHORTS 75

Visão geral dos estilos
Roupas esportivas e casuais: década
  de 1930 em diante 76
Macaquinho: décadas de 1930 e 1970 78
Jeans: década de 1950 em diante 80

Modelagem
Calça pantalona: décadas de 1930,
  1960 e 1970 82

CAPÍTULO 5:
TERNOS E CASACOS   87

Visão geral dos estilos
O casaco utilitário: décadas de 1940
   e 1950   88
A jaqueta utilitária: décadas de 1940
   e 1950   90
A saia utilitária: décadas de 1940 e 1950   92
A jaqueta quimono: década de 1950   94

Modelagens
Jaqueta acinturada: décadas de 1930
   e 1940   96
Jaqueta *boxy*: década de 1960   102

CAPÍTULO 6:
LINGERIE   109

Visão geral dos estilos
Lingeries modeladoras: década de 1930
   em diante   110
Anáguas e combinações: décadas de
   1940 e 1950   112

Modelagens
Combinação: década de 1920   114
Caleçon: década de 1920   118
Combinação: década de 1940   120
Bustiê e anágua: década de 1950   124

CAPÍTULO 7:
ACESSÓRIOS DE CABEÇA E LUVAS   129

Visão geral dos estilos
Luvas: décadas de 1920 a 1960   130
A echarpe estampada: década de 1920
   em diante   132
O turbante: década de 1920 em diante   134
Casquete: década de 1960   136

Modelagem
Casquete: década de 1960   138

CAPÍTULO 8:
CONCEITOS BÁSICOS DE COSTURA   143

Anotações na modelagem   144
Medidas-padrão   146
Como ajustar a modelagem   148
Como encaixar os moldes e cortar
   o tecido   156

CAPÍTULO 9:
MONTAGEM   159

Pences   160
Franzidos   161
Mangas: método tubular ou montado   162
Costuras   163
Bainhas   170
Aberturas laterais   172
Bolsos   174
Zíperes   176
Rolotês   177
Laços   180
Ondulados   182

Colaboradores   184
Glossário   186
Sugestões de leitura adicional   188
Índice remissivo   189
Agradecimentos   192

Moldes e códigos

No CD que acompanha este livro encontram-se moldes para serem impressos e instruções de costura de 15 peças de vestuário. O livro apresenta um diagrama da roupa finalizada, medidas essenciais para os vários tamanhos de molde, um exemplo de modelagem e instruções de costura ilustradas passo a passo.

CÓDIGOS DAS INSTRUÇÕES DE COSTURA

Nas ilustrações que acompanham as instruções de costura, o lado direito do tecido é indicado sem textura, enquanto o lado avesso é indicado com textura, conforme demonstrado abaixo. Os números no texto estão relacionados com os números que identificam as ilustrações.

 Lado direito

Lado avesso

CÓDIGOS DAS MODELAGENS

Consulte as tabelas de tamanho individual fornecidas com os exemplos de moldes para obter as medidas reais.

 Extragrande (GG)
 Linha de corte GG
Linha de costura GG

 Grande (G)
 Linha de corte G
 Linha de costura G

 Médio (M)
 Linha de corte M
 Linha de costura M

 Pequeno (P)
 Linha de corte P
 Linha de costura P

 Tamanho único (U)
 Linha de corte U
 Linha de costura U

Como localizar e imprimir sua modelagem

Este símbolo identifica as 15 modelagens fornecidas no CD que acompanha este livro. O número da página em que o exemplo de modelagem aparece no livro corresponde ao número usado para identificá-la no CD. Por exemplo, para identificar a modelagem da saia de pregas que aparece na página 67, deve-se procurar pela modelagem designada como "67" no CD. O nome do modelo aparece no exemplo da modelagem no livro, mas não nos arquivos do CD. Consulte o exemplo do livro caso precise de orientação quanto às partes dos moldes, linhas de costura, fio reto do tecido e linhas de dobra.

Não reduza a medida dos moldes quando for imprimi-los. As modelagens foram criadas em retângulos para serem impressas em folha A4; cada retângulo mede 180 mm (largura) x 250 mm (altura). Ao clicar em "imprimir", automaticamente será impressa a quantidade de páginas necessária para que caiba toda a modelagem.

Antes de montar a sua modelagem, corte cada página no tamanho apropriado, seguindo as linhas de corte, indicadas com um símbolo de tesoura.

Para montar sua modelagem, siga a letra e o número do canto superior esquerdo de cada página, começando a partir do lado superior esquerdo e seguindo linha por linha da esquerda para a direita, conforme o exemplo da página ao lado.

MOLDES E CÓDIGOS

7

A1	A2	A3	A4	A5	A6
B1	B2	B3	B4	B5	B6
C1	C2	C3	C4	C5	C6
D1	D2	D3	D4	D5	D6
E1	E2	E3	E4	E5	E6

Linha do tempo: de 1920 a 1970

1920

INOVAÇÕES E TENDÊNCIAS
Meias cor de pele.

SILHUETAS
A silhueta desejada pela geração *Bright Young Things*, dos anos 1920, era magra, com peito achatado e cintura baixa. O chapéu cloche, com sua modelagem em forma de capacete, complementava os penteados curtíssimos da época.

PELE À MOSTRA
Os braços eram deixados à mostra não somente de noite, mas também durante o dia; as pernas, cobertas com meias beges, podiam ser vistas até a altura do joelho.

BARRAS
Os vestidos e as saias, feitos com tecidos leves e esvoaçantes, tinham bainhas de lenço assimétricas.

1930

INOVAÇÕES E TENDÊNCIAS
Zíper, gola drapeada, corte enviesado, decote frente única e roupas casuais.

SILHUETAS
Em 1930, viu-se a volta da aparência mais requintada e elegante. Os bustos arredondados e a cintura curvilínea estavam de volta. O chapéu cloche continuou sendo popular, bem como chapéus de aba em ângulos ousados, combinados com luvas de mesma cor.

PELE À MOSTRA
Havia uma paixão por tomar sol e usar roupas casuais. As mulheres se preocupavam com o bronzeamento e o deixavam à mostra usando vestidos longos de costas nuas ou frente única durante a noite.

BARRAS
As saias eram geralmente mais longas atrás do que na frente. Saias godês e pregueadas abaixo do joelho eram formadas a partir de cortes enviesados para fornecer volume às barras.

1940

INOVAÇÕES E TENDÊNCIAS
Ombreiras e calças para mulheres.

SILHUETAS
Durante os anos de guerra, a moda tornou-se utilitária, e as mulheres adotaram uma atitude de reformar peças antigas de seu guarda-roupa. Os longos cabelos eram presos, e elas usavam laços e lenços na cabeça ou um chapéu de destaque feito com diversos materiais e elementos decorativos.

PELE À MOSTRA
As meias de náilon estavam tão escassas que a maior parte das mulheres acabava deixando as pernas à mostra. Muitas vezes elas desenhavam as costuras nas pernas para imitar uma meia-calça transparente.

BARRAS
Os vestidos atingiram o comprimento do joelho, mesmo os vestidos de noite. O modelo satisfez a moda de dançar *swing*, além de ser mais apropriado por causa da escassez de tecido da época.

LINHA DO TEMPO: DE 1920 A 1970

1950

INOVAÇÕES E TENDÊNCIAS
Vestido tipo saco, vestido trapézio amplo e casacos.

SILHUETAS
Em 1947, Dior introduziu o "New Look", caracterizado por comprimentos mais longos e saias mais amplas, que se tornaram mais populares durante os anos 1950. Looks chiques e elegantes usados por pessoas como Audrey Hepburn também foram amplamente adotados. Os turbantes voltaram à moda, bem como os chapéus em forma de disco, que ficavam planos na cabeça e imitavam os estilos da virada do século.

PELE À MOSTRA
As meias finas que cobriam quase toda a perna voltam à moda, mas blusas com mangas curtas e sem mangas tornaram-se o ícone dos looks mais glamorosos. Os decotes ficaram maiores, com golas drapeadas e menos colarinhos e babados.

BARRAS
O comprimento das saias e dos vestidos era no joelho ou abaixo. As saias mais amplas ainda eram populares.

1960

INOVAÇÕES E TENDÊNCIAS
Minissaia, meia-calça, casquete e tecidos de cores fortes.

SILHUETAS
Com base na aparência delicada do fim dos anos 1950, os anos 1960 viram o aumento da popularidade de vestidos curtos e cortados em linha A e de calças justas e estreitas. As casquetes eram posicionadas na parte de trás da cabeça, e luvas combinando com a roupa eram populares, refletindo o estilo *preppy* de Jackie Kennedy.

PELE À MOSTRA
Em geral, os vestidos eram usados com meias-calças de cores vibrantes, normalmente com botas que iam até o joelho. Os modelos sem mangas eram populares.

BARRAS
Esta foi a década da minissaia, com as barras acima do joelho.

1970

INOVAÇÕES E TENDÊNCIAS
Moda de inspiração étnica, salto plataforma e *hotpants*.

SILHUETAS
Macacão frente única bem justo ao corpo e vestidos longos de corte império retos ou evasês com mangas largas eram populares. Os chapéus, quando usados, normalmente eram de aba larga. O uso de chapéu diminuiu de um modo geral durante os anos 1970, e os cabelos eram normalmente longos, lisos e despenteados.

PELE À MOSTRA
Decotes frente única e do tipo avental e barras ultracurtas eram combinados com bota ou sapato plataforma, contrastando com os vestidos longos.

BARRAS
As barras variaram muito durante esta época, de maxivestidos com comprimento até o chão e calças boca de sino a modelos de saias micro e mini.

CAPÍTULO 1
Vestidos

Os estilos e comprimentos dos vestidos evoluíram rapidamente durante o século XX. As chamadas melindrosas da década de 1920 usavam vestidos de cintura baixa com comprimento no joelho que, apesar de ousadamente curtos, também exigiam uma silhueta masculinizada, com peito achatado. Os anos 1930 introduziram o fascínio por peças justas, inspiradas no glamour de Hollywood, e vestidos de corte enviesado com comprimento até o chão foram o estilo marcante da década. Nos anos 1940, em que predominavam a guerra e a austeridade, destacavam-se peças funcionais e looks de inspiração militar. A década de 1950 marcou o retorno da feminilidade, e os marcantes modelos de vestidos da época realçavam a cintura fina em contraste com a saia rodada. As mulheres dos anos 1960 adotaram o vestido tubinho afastado do corpo (linha A), curto e sem mangas, determinando um estilo elegante e versátil. Nos anos 1970, viam-se maxivestidos com inspiração *hippie* e o vestido envelope com corte enviesado da Era Disco. Desde então, os vestidos são uma peça recorrente no guarda-roupa de muitas mulheres, com estilos simples para o dia e modelos glamorosos para a noite.

Chemisier
(acervo pessoal).

VISÃO GERAL DOS ESTILOS

O vestido de melindrosa: década de 1920	12
O pretinho básico: década de 1920 em diante	14
Corte enviesado: década de 1930	16
A frente única: décadas de 1930, 1950 e 1970	18
A cintura no lugar: década de 1950	20

MODELAGENS

Vestido de cintura baixa: década de 1920	22
Vestido de baile: década de 1950	26
Minivestido: década de 1960	30
Vestido longo: década de 1970	36

O vestido de melindrosa: década de 1920

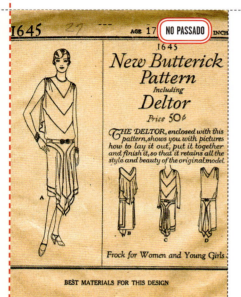

 NO PASSADO

O vestido de melindrosa tornou-se a peça de escolha de mulheres liberais e de pensamento livre na era pós-Primeira Guerra Mundial. Com grande influência da moda francesa, particularmente Coco Chanel, os vestidos de melindrosa eram jovens e masculinizados. O modelo era reto e largo, sem mangas, com a linha da cintura caindo para os quadris. Os comprimentos das saias começaram no tornozelo, mas gradualmente foram encurtando; por volta de 1926, as barras eram curtas o suficiente para mostrar os joelhos. No fim dos anos 1920, as barras baixaram novamente.

Os vestidos de melindrosa eram feitos com tecidos resistentes, geralmente de cores básicas, e os decotes eram variados. Um vestido para o dia poderia ter decote em V ou um decote redondo profundo, ao passo que um vestido de festa normalmente tinha duas camadas: um forro opaco com decote redondo profundo e uma sobreposição com decote canoa. Vestidos de festa também tinham debrum decorativo e acabamentos na sobreposição, como bordado com pedrarias, franjas e rendas. Pelo seu corte reto e afastado do corpo, a confecção do vestido de melindrosa era menos complicada que a de muitos modelos anteriores, e por essa razão as mulheres da década de 1920 foram mais bem-sucedidas ao costurarem em casa.

QUEM: Resultado do movimento das melindrosas, com influência de Coco Chanel e da moda francesa.

POR QUÊ: Visto que o corte dos vestidos de melindrosa era mais simples do que o dos modelos anteriores, era mais fácil produzir versões atualizadas desses vestidos em casa usando moldes de vestidos convencionais.

VARIAÇÕES: Os vestidos usados durante o dia tinham decote em V ou decote redondo profundo; de modo geral, os vestidos de festa tinham duas camadas com decote redondo profundo e decote canoa, bem como debrum decorativo e acabamentos.

ESTILOS SEMELHANTES: Vestido de cintura baixa, pág. 22.

MODELAGENS PARA COMBINAR: Combinação dos anos 1920, pág. 114.

HOJE

Vestido de melindrosa com paetês azul-marinho (Ruby Ray).

HOJE

Vestido preto (Kambriel Macaluso – www.kambriel.com).

CAPÍTULO 1: VESTIDOS

Estilos e usos, no passado e hoje

TECIDO
No passado: Tule era comumente usado como sobreposição para sustentar bordados com pedrarias pesadas e paetês. Raiom e georgette, que se moldavam ao corpo, eram usados para proporcionar uma forma masculinizada. Usava-se organza para dar aos vestidos uma forma mais rígida e bufante.

Hoje: Atualmente são usados tecidos similares, embora os itens de moda tendam a ser feitos com tecidos mais baratos, como náilon, raiom e poliéster.

COMPRIMENTO
No passado: O comprimento das saias variava entre o joelho e o tornozelo.

Hoje: Os vestidos de melindrosa da atualidade são mais curtos, com o comprimento no joelho ou um pouco acima.

ESTILO
No passado: Os vestidos de melindrosa da década de 1920 tinham um estilo mais largo, o que os tornava apropriados para uma variedade de formatos de corpo. Normalmente tinham vários tipos de debruns decorativos e acabamentos.

Hoje: Os vestidos de melindrosa de hoje tendem a fazer referência aos estilos dos anos 1920, apesar de serem geralmente mais simples e práticos quanto ao estilo.

CORES
No passado: Os vestidos de melindrosa tendiam a ter uma cor neutra ou preta, ou uma cor forte e vibrante, como o vermelho.

Hoje: Os vestidos de melindrosa modernos costumam fazer referência ao estilo da década de 1920, com o uso de cores similares.

COMBINAÇÕES POSSÍVEIS
No passado: Os vestidos de melindrosa eram frequentemente usados com colar comprido de pérolas, tiara de plumas, chapéu cloche, sapatos de tira em forma de T, meias e luvas de cetim até o ombro. O cabelo era curto, com corte tipo chanel, e a maquiagem era pesada (particularmente, olhos e lábios escuros e um leve contorno com blush).

Hoje: Acessórios semelhantes devem ser usados para montar o clássico estilo de melindrosa, mas, para um estilo mais moderno, pode-se combinar o vestido de melindrosa com salto, colar com pingente, um blazer ou uma jaqueta de couro e pulseiras de metal.

HOJE

Vestido de melindrosa com paetês e decote em V (P.A.R.O.S.H.).

HOJE

Vestido de melindrosa com pedrarias (House of Fraser).

DICAS DE COSTURA
- Mantenha o corte simples e descomplicado.
- Para fazer um vestido com franjas, use a mesma cor para a franja e o vestido, ou mescle franja metalizada sobre preto ou franja preta sobre uma cor forte.

O pretinho básico: década de 1920 em diante

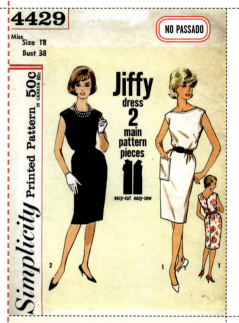

NO PASSADO

Em reação às cores ousadas usadas pelas damas na ópera, Coco Chanel "impôs na década de 1920 o preto" com o desenho de um vestido básico ajustado, marcando o nascimento de uma das peças preferidas da moda.

Quando um desenho do vestido pretinho básico de Chanel apareceu na *Vogue* americana em 1926, previu-se que se tornaria "um uniforme, tão reconhecido quanto um automóvel da Ford: rápido, gracioso e discreto." Condizente com o desejo de Chanel de desenhar roupas funcionais, o modelo ficava bem em qualquer formato de corpo, sendo apropriado tanto para o dia quanto para a noite, o que explica a razão de seu encanto permanente.

Depois da Segunda Guerra Mundial, o modelo do pretinho básico foi reavaliado quando Christian Dior trocou o formato da moda pelo que a revista *Harper's Bazaar* chamou de "New Look", um estilo definido por saias rodadas, cintura marcada, busto proeminente e, principalmente, uso de materiais nobres. Em 1960, o vestido preto básico ficou mais justo graças à chegada da minissaia de Mary Quant. O estilo permanece popular até hoje – trata-se de uma peça essencial da moda para mulheres de todos os gostos.

QUEM: Coco Chanel foi amplamente reconhecida por transformar o pretinho básico de traje de luto em uma peça da moda. Um desenho de seu vestido preto justo de cintura baixa, usado com pérolas, apareceu na *American Vogue* em 1926.

POR QUÊ: Um modelo chique e simples que nunca sai de moda, o vestido preto básico continua sendo uma escolha clássica para eventos formais, desenvolvido para favorecer todos os formatos de corpo.

VARIAÇÕES: Os vestidos pretos eram tão variados quanto as mulheres que o usavam, feitos de tecidos simples a luxuosos. Eles são hoje uma peça central do guarda-roupa para qualquer ocasião.

ESTILOS SEMELHANTES: Vestido de melindrosa, pág. 12; gola Peter Pan, pág. 46; saia-lápis, pág. 60.

MODELAGENS PARA COMBINAR: Minivestido, pág. 30.

HOJE

Vestido de renda preto (Ruby Ray).

HOJE

Vestido preto com *peplum* (FCUK).

CAPÍTULO 1: VESTIDOS

Estilos e usos, no passado e hoje

TECIDO

No passado: Materiais sofisticados como algodão, renda, tule e seda eram tradicionalmente usados para criar um modelo clássico. O advento de materiais sintéticos tornou o modelo amplamente disponível e acessível nos anos 1940 e 1950. Tecidos transparentes e veludo prevaleceram em 1960.

Hoje: Tecidos que aderem ao corpo, transparentes e com detalhes brilhantes permanecem populares para trajes de noite, enquanto os de algodão e jérsei são mais apropriados para o dia.

COMPRIMENTO

No passado: O vestido ajustado com comprimento até o joelho, que se tornou popular com Chanel na década de 1920, passou a ser mais comprido e largo com o "New Look" de Christian Dior no fim da década de 1940, antes de encolher com o advento da minissaia nos anos 1960.

Hoje: Os modelos mais contemporâneos têm comprimento no joelho ou acima.

ESTILO

No passado: Vestidos de manga comprida com comprimento no joelho eram o modelo mais escolhido pelas socialites e artistas nos anos 1920 e 1930. Mangas curtas, cintura marcada e saias rodadas com comprimento no meio da panturrilha ajudaram a celebrar uma era de diversão e liberdade em relação à moda durante o pós-guerra na Europa. Nos anos 1960, o estilo foi assimilado pelo look moderno, com o vestido tubinho preto curto afastado do corpo tornando-se o modelo básico de mulheres jovens estilosas.

Hoje: Com base nos estilos mais populares do século passado, o vestido preto básico tem hoje vários formatos e tamanhos, e as peças vintage são muito procuradas.

CORES

No passado: Diz-se que Chanel não gostava das cores chamativas usadas pelas damas na ópera nos anos 1920, "impondo o preto" para "destruir tudo o que existia ao redor". A cor era também prática e, segundo se acreditava, adequada para qualquer tipo de corpo.

Hoje: O encanto do pretinho básico ainda é forte nos dias de hoje, sobretudo porque acredita-se que o preto favorece qualquer corpo e dá a impressão de afinar a silhueta, além de ser adequado para todas as mulheres.

COMBINAÇÕES POSSÍVEIS

No passado: Tradicionalmente usado com pérolas, o vestido preto básico era usado com joias simples, mas glamorosas, durante o início e meados do século XX, ganhando detalhes como laços, cintos e gola Peter Pan à medida que o estilo evoluía.

Hoje: Como os designers atuais ainda aderem ao princípio de "menos é mais" quando se trata do pretinho básico, silhuetas simples são hoje em dia atualizadas com detalhes como faixa sob o busto, decote frente única, gola Peter Pan e *peplum*.

DICAS DE COSTURA

- Ao usar uma mistura de tecidos pretos, é essencial que se verifique a combinação de cores dos tecidos durante a luz natural do dia, uma vez que existe uma variedade de nuances e tons do tingimento preto.

- Não passe a peça em excesso, visto que o ferro facilmente cria brilho no tecido. Use um pano por cima da peça para proteger o tecido.

- Invista em um rolo adesivo removedor de pelos. Ele auxilia durante a confecção de qualquer item preto.

Vestido preto com debrum decorativo de babados (Vivetta).

Corte enviesado: década de 1930

 NO PASSADO

Os designers de moda dos anos 1930 afastaram-se do modelo linear e masculinizado dos anos 1920, indo ao encontro de silhuetas mais sutis que acentuavam os contornos femininos.

Vestidos enviesados são cortados na linha diagonal (a 45º) do fio reto do tecido, formando um drapeado suave e vertical na peça. Isso permite que o designer manipule facilmente o tecido em drapeados ajustados. Modelos enviesados eram usados com frequência durante a década de 1930, sendo usados comumente por atrizes glamorosas nos filmes de Hollywood da época. Os vestidos enviesados tinham elegância, beleza simples e conforto, e seguiam as linhas do corpo, contribuindo com a tendência das linhas naturais. Quando a duquesa de Windsor (Wallis Simpson) casou-se com o rei Eduardo VIII do Reino Unido em 1937, ela usou um vestido enviesado e uma jaqueta de alfaiataria em crepe de seda, desenvolvidos pelo designer americano Mainbocher. Como a duquesa era, na época, um ícone da moda, isso mais tarde aumentou a importância da tendência na história da moda.

Ainda hoje o vestido enviesado é usado com frequência durante eventos noturnos, com cortes que favorecem o corpo, sendo normalmente de cetim ou seda. Modelos de comprimentos mais longos também ainda são procurados, e as modelagens e os tecidos usados para fazer esses vestidos não mudaram muito se comparados àqueles da década de 1930.

QUEM: Madeleine Vionnet aperfeiçoou o modelo enviesado; Mainbocher ganhou atenção por desenvolver o vestido de noiva da duquesa de Windsor em 1937.

POR QUÊ: O vestido enviesado evocou a feminilidade depois da austeridade discreta e dos modelos masculinizados dos anos 1920. O estilo era também perfeitamente combinado com os novos vestidos longos frente única que surgiram durante a década.

VARIAÇÕES: Estilos mais curtos em crepe da China eram vistos com frequência no verão, enquanto modelos com barras assimétricas tornaram-se populares nos anos 1970.

MODELAGENS PARA COMBINAR: Saia godê, pág. 70.

HOJE

Vestido em tweed (Ruby Ray).

HOJE

Vestido de chiffon assimétrico (Ruby Ray).

CAPÍTULO 1: VESTIDOS

Estilos e usos, no passado e hoje

TECIDO
No passado: Tecidos que aderem ao corpo, como cetim, *charmeuse* e crepe da China feito de seda ou "seda artificial" de viscose eram usados para fazer vestidos formais para a noite.

Hoje: Tecidos leves, como viscose e poliéster, são usados atualmente em modelos enviesados, às vezes com elastano. Cetim e seda ainda são usados em roupas para a noite, e tecidos estampados também são usados com frequência.

COMPRIMENTO
No passado: Os vestidos tipicamente iam até abaixo do tornozelo, próximo ao chão.

Hoje: Os comprimentos variam dependendo da ocasião, mas de modo geral os vestidos de hoje vão até acima do joelho.

ESTILO
No passado: Por se tratar de um modelo para as mulheres mais abastadas, o vestido enviesado era usado para eventos formais e geralmente era sinal de alto *status* social. A classe trabalhadora também tentou adaptar o estilo.

Hoje: Os modelos costumam ter detalhes decorativos, como pedras preciosas e paetês, no caso de roupas para a noite. O modelo dos vestidos é variado, incluindo vestidos para usar à tarde e modelos com saia-lápis.

CORES
No passado: Em geral, o tom dos vestidos variava entre cor-de-rosa claro, marfim e pêssego. No caso do cetim, o brilho adicionava uma delicadeza extra.

Hoje: Com a grande gama de tecidos leves hoje disponível, o leque de escolha é muito mais amplo. O vestido pode ser preto, estampado ou degradê. Cetins delicados ainda são populares, sendo comum o uso de marfim em vestidos de noiva de corte enviesado.

COMBINAÇÕES POSSÍVEIS
No passado: Usados com estola de pele, sapatos elegantes e joias chiques brilhantes, o vestido enviesado era comumente desenvolvido para eventos noturnos.

Hoje: Usado para uma variedade de eventos, o vestido enviesado pode ser combinado com botas e cardigã para um modelo casual para o dia ou com salto-agulha para o glamour da noite.

DICAS DE COSTURA
- O corte enviesado requer mais tecido do que modelos em corte reto. É importante lembrar disso ao comprar o tecido.
- Coloque as peças de sua modelagem com o fio reto do molde a 45° em relação à ourela e tome cuidado para não esticar o tecido durante a montagem.
- Empilhe os tecidos entre folhas de papel de costura e corte através do papel e do tecido de uma só vez.
- O corte enviesado pode ser usado para criar um ótimo efeito com um tecido estampado.

HOJE

Vestido longo enviesado com faixa amarrada na cintura (A/Wear).

A frente única: décadas de 1930, 1950 e 1970

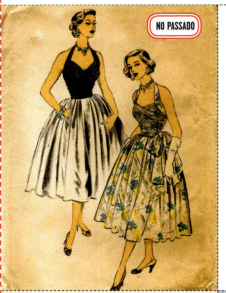

NO PASSADO

A frente única consiste em uma única peça de tecido, ou duas peças amarradas uma na outra, atrás do pescoço. Originalmente popularizada pela designer Madeleine Vionnet nos anos 1930, a frente única era usada com sua técnica de corte enviesado para criar um vestido de costas nuas justo e atraente. A frente única voltou a ter popularidade nos anos 1950, quando o modelo de decote quadrado com um corpete justo e estruturado tornou-se popular tanto para o dia quanto para a noite em vestidos de algodão e vestidos longos mais elaborados. Ela voltou novamente nos anos 1970, com um estilo justo, descontraído e drapeado que favorecia uma silhueta delgada.

O decote frente única continua sendo um estilo popular para o dia e para noite, mas pode ser muito menos estruturado do que uma versão dos anos 1950. Feito com um jérsei macio, pode ter uma gola drapeada e ser usado com jeans ou shorts durante o verão. Vestidos longos modernos para a noite, com decote frente única e feitos de cetim, podem ainda ecoar as clássicas linhas do modelo original de Vionnet.

QUEM: Madeleine Vionnet é conhecida por ter criado o primeiro modelo frente única.

POR QUÊ: Modelos com costas nuas são elegantes, mas reveladores.

VARIAÇÕES: Braços vazados, top *bandeau* frente única.

ESTILOS SEMELHANTES: Combinação dos anos 1940, pág. 120.

MODELAGENS PARA COMBINAR: Calça pantalona, pág. 82.

HOJE

Frente única de tricô (Missoni).

CAPÍTULO 1: VESTIDOS — 19

Estilos e usos, no passado e hoje

TECIDO

No passado: A frente única original de Vionnet era de seda e cetim, com corte enviesado para criar uma silhueta que acompanhasse as curvas do corpo. Nos anos 1950, o algodão era um tecido comumente usado em vestidos para o dia, e os brocados pesados e cetim eram usados em roupas para a noite. Na década de 1970, os vestidos para o dia eram de algodão ou jérsei.

Hoje: Tecidos modernos de jérsei com elastano são muito mais simples e criam um drapeado que favorece o corpo em decotes frente única e vestidos de noite.

COMPRIMENTO

No passado: A frente única dos anos 1970 aparecia em vestidos longos com comprimento no tornozelo.

Hoje: Não existe atualmente um comprimento único. O comprimento varia de acordo com o estilo e a moda.

ESTILO

No passado: Nos anos 1930, os vestidos de noite enviesados eram estritamente para mulheres magras e ricas. Na década de 1950, o decote frente única costumava ser uma moda para as adolescentes; as mulheres mais velhas prefeririam usar a frente única em vestidos de noite. Os vestidos de noite dos anos 1970 eram bem justos e frequentemente tinham uma fenda na altura da coxa.

Hoje: Os decotes frente única têm um toque mais esportivo quando feitos com tecidos modernos. Sutiãs sem alça modernos e lingeries modeladoras de suporte significam que os decotes não estão mais restritos apenas a adolescentes. O decote é frequentemente usado em roupa de banho.

CORES

No passado: Vionnet gostava de tons claros como marfim ou azul-bebê para os seus vestidos longos de noite. Nos anos 1950, algodão estampado ou com cores vibrantes em xadrez ou poás era popular, enquanto os florais se tornaram populares em 1970.

Hoje: As cores são limitadas apenas pela imaginação e até o ponto em que os tecidos estão disponíveis. Tons neutros como cinza, preto e branco tornam o vestido versátil para ser usado com uma variedade de outras cores.

COMBINAÇÕES POSSÍVEIS

No passado: Brilhantes e luvas de noite eram os complementos perfeitos para um vestido de noite longo nos anos 1930. Na década de 1950, o ressurgimento dos decotes frente única era com frequência combinado com calças capri ou saias godê, e o maxivestido dos anos 1970 ia bem com chapéus de abas largas e óculos de sol durante o dia e joias brilhantes com roupas para a noite.

Hoje: O jeans é a peça ideal para um look casual para o dia, com decote frente única em jérsei, apesar de a frente única também poder ser usada como roupa para a noite com uma calça pantalona *palazzo*. Com um decote tão revelador, é melhor manter a parte de baixo bem sóbria e usar uma calça ou saia de comprimento até o joelho ou mais comprida.

HOJE

Vestido justo tricolor (Bonprix).

DICAS DE COSTURA

- Para converter uma modelagem em frente única, alinhave as peças do decote no lugar para fazer uma tela ou protótipo e costurar tecido extra, conforme o modelo descrever. Coloque a alça costurando à mão e ajuste até atingir o comprimento adequado. Transfira esse molde de tecido para um papel, de modo que você possa cortá-lo depois.

A cintura no lugar: década de 1950

NO PASSADO

Depois das restrições de tecido e da moda austera necessária durante a Segunda Guerra Mundial, Christian Dior revolucionou o mundo da moda com a introdução de uma nova silhueta em que a linha da cintura era levantada até a sua posição natural.

A primeira coleção de primavera de Dior, batizada como "New Look" por Carmel Show, editor da *Harper's Bazaar*, consistia em uma silhueta estreita e confortável, com ombros pronunciados, cintura marcada e saias rodadas. A cintura ficava naturalmente no lugar, e essa silhueta justa, normalmente marcada com cinto, foi proeminente até meados da década de 1950. O nome de Dior é imediatamente associado à moda dos anos 1950.

O vestido *dirndl* (vestido típico alemão) foi outro modelo com cintura no lugar apreciado pelas mulheres jovens dos anos 1950, e esses estilos que favorecem ainda mais o corpo são até hoje uma escolha popular nas passarelas. Em vez de a cintura ficar por cima de uma faixa de anáguas, os estilos vistos hoje são normalmente mais sutis, com a cintura menos exagerada.

QUEM: Christian Dior reintroduziu a cintura no lugar após a austeridade dos tempos de guerra.

POR QUÊ: Trata-se de um estilo que favorece o corpo, realçando as curvas e criando uma silhueta bem feminina.

VARIAÇÕES: O estilo com anágua completo, o modelo lápis reto, o *chemisier* de popelina e o vestido tipo casaco com cinto.

ESTILOS SEMELHANTES: Saia godê, pág. 62; saia-lápis, pág. 60.

MODELAGENS PARA COMBINAR: Vestido de baile, pág. 26; vestido longo, pág. 36.

HOJE

Cintura no lugar realçada com uma faixa decorativa (ASOS.com).

HOJE

Vestido de chiffon (Topshop).

CAPÍTULO 1: VESTIDOS

Estilos e usos, no passado e hoje

TECIDO
No passado: A lã era frequentemente usada para modelos de dia, enquanto o raiom, o tafetá e o crepe eram as escolhas mais comuns para roupas formais de noite.

Hoje: No caso de vestidos casuais para serem usados durante o dia, o algodão com elastano adiciona um leve efeito ao modelo, com o detalhe do elástico realçando a cintura marcada.

COMPRIMENTO
No passado: Os modelos ficavam a 33-38 cm do chão.

Hoje: Estilos com comprimento acima do joelho são mais comuns, embora os modelos com comprimentos no joelho também sejam populares.

ESTILO
No passado: Os corpetes justos prevaleciam, e saias evasê no meio da panturrilha eram atraentes. As mulheres mais velhas gostavam de tweed de lã listrado, enquanto as mais novas apreciavam estampas florais.

Hoje: Cintos justos acentuam sutilmente a pequena cintura no lugar, e vestidos com saia-lápis justos são muitas vezes considerados os mais apropriados. Ombros exagerados são normalmente usados para complementar a silhueta feminina.

CORES
No passado: Modelos monocromáticos eram os mais procurados, e o vestido preto básico tornou-se a peça de desejo. Contudo, a cor também era marcante, com belos tecidos amarelos e malva tornando-se populares pela primeira vez.

Hoje: Designers como Erdem adotam essa silhueta e mantêm o estilo quase que vintage com desenhos florais que incorporam muito verde. O uso de cores fortes contrastantes cria uma interpretação muito elegante do modelo.

COMBINAÇÕES POSSÍVEIS
No passado: Frequentemente combinado com corpetes justos com barbatana, luvas de cetim até a altura do cotovelo, anáguas rígidas, sapatos de cetim pontudos e cintos de tecido com fivela que marcam a cintura, o modelo era refinado, e a silhueta elegante.

Hoje: O modelo justo voltou a ser popular desde os anos 1990; o tecido ajustado ao corpo foi realçado com um cinto de couro. O salto alto adiciona, em conjunto com meias-calças opacas, um toque moderno ao efeito curvilíneo.

HOJE

Cintura no lugar realçada com um cinto (Marc Jacobs).

DICAS DE COSTURA
- Ao costurar um tecido com elasticidade natural ou ao trabalhar em seções de corte enviesado, acrescente um pedaço pequeno de fita à medida que a costura da cintura for sendo completada. Isso garante que a cintura não fique esticada ou distorcida ao vestir a peça.
- Acrescente pequenos passantes de tecido no fio reto ou feitos em ponto cadeia (ou correntinha) na costura lateral, para manter os cintos estreitos sempre no local correto.

Vestido de cintura baixa: década de 1920

▶ ESPECIFICAÇÃO DA PEÇA
Este vestido de cintura baixa tem uma modelagem descontraída e uma pala preguada no quadril. Adequado para tecidos finos e leves, como cambraia fina.

VARIAÇÕES DE ESTILO
A echarpe para este modelo pode ser usada de forma folgada ao redor do pescoço ou como cinto. Use um tecido transparente para este vestido e acrescente uma combinação opaca (molde na pág. 114) para criar um modelo de sobreposições que remonta aos anos 1930.

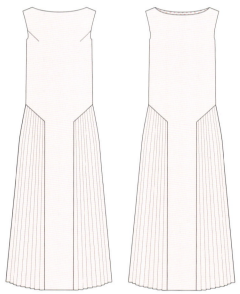

Frente — Costas

Com tecido transparente e combinação opaca

Com cinto

Tamanhos	P (cm)	M (cm)	G (cm)	GG (cm)
Busto (abaixo da cava)	92,6	97,6	102,6	107,6
Cintura	92,6	97,6	102,6	107,6
Largura da saia (na altura da bainha)	181,2	186,2	191,2	196,2
Ombros	4,7	5	5,3	5,6
Centro-costas (do decote à barra)	113,2	113,8	114,4	115
Abertura do decote costas (na linha de costura)	31,9	32,5	33,1	33,7
Abertura do decote frente (na linha de costura)	30,7	31,3	31,9	32,5
Centro-costas (do decote à linha do quadril)	52,4	53	53,6	54,2
Centro-costas (do decote à linha do joelho)	90,4	91	91,6	92,2

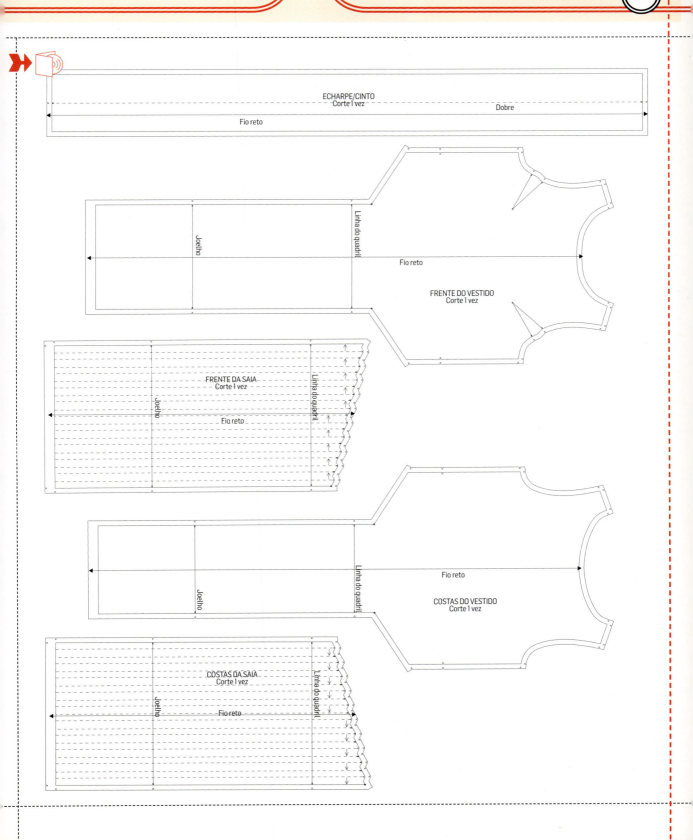

INSTRUÇÕES PARA A MONTAGEM

(1) Costure as pences da frente do vestido e passe a ferro o excesso de tecido das pences em direção à costura lateral. **(2)** Faça pregas nas partes da saia, assegurando-se de seguir a direção correta das pregas; se forem pregueadas corretamente, formarão uma prega macho na costura lateral. **(3)** Com direito sobre direito, junte a frente da saia à frente do vestido; coloque um alfinete apenas na primeira marca e costure à máquina até este ponto. Abaixe a agulha da máquina durante o trabalho e faça um pique em diagonal (conforme mostra o detalhe da figura) apenas na parte do corpo do vestido; certifique-se de que esse pique pare antes da marca (margem de costura), caso contrário a borda ficará desestabilizada. Mantendo a agulha da máquina abaixada durante o trabalho, gire a parte da saia e continue costurando até a barra. Passe a ferro, posicionando as margens de costura em direção à costura lateral.

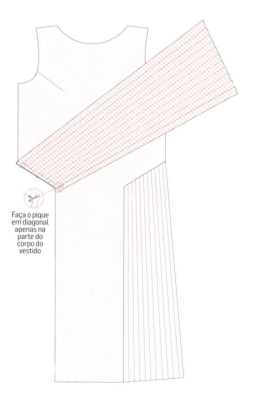

Faça o pique em diagonal apenas na parte do corpo do vestido

CAPÍTULO 1: VESTIDOS 25

(4) Com direito sobre direito, costure os ombros e passe a ferro, abrindo as margens de costura. **(5)** Com direito sobre direito, faça a costura lateral. Tome cuidado quando atingir a parte pregueada da saia – dobre as pregas para fora da linha de costura, de modo que elas não sejam atingidas quando fizer a costura lateral. Passe a ferro, abrindo as margens de costura. **(6)** Finalize o braço e o decote com viés embutido ou uma bainha tipo lenço. **(7)** Dobre a echarpe ao meio e costure ao longo das partes abertas, deixando um espaço sem costura para que a peça possa ser virada com facilidade.

▶ DICA PARA A MODELAGEM
Transfira as marcas para o tecido com giz de alfaiate ou uma técnica de marcação alternativa; caso contrário, será difícil posicionar e costurar corretamente as partes da peça.

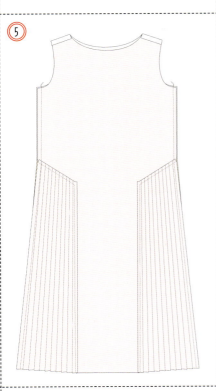

Vestido de baile: década de 1950

ESPECIFICAÇÃO DA PEÇA
Este vestido tem um corpete justo e uma saia com prega macho. Adequado para tecidos com peso médio.

VARIAÇÕES DE ESTILO
A gola pode ser cortada em tecidos contrastantes, parecidos ou iguais ao do vestido. Considere montar a parte de cima da gola com uma camada de renda ou retirar a gola e decorar o decote com um laço ou um bordado. Pode-se também cortar uma saia godê para este modelo (molde na pág. 70). Meça a cintura do corpete e corte uma saia godê que combine.

Frente Costas

Frente

Costas

Tamanhos	P (cm)	M (cm)	G (cm)	GG (cm)
Busto (abaixo da cava)	84,4	89,4	94,4	99,4
Cintura	67	72	77	82
Largura da saia (na altura da bainha)	103	108	113	118
Ombros	5,2	5,5	5,8	6,1
Centro-costas (do decote à barra)	61,2	61,8	62,4	63
Centro-costas (do decote à linha da cintura)	20,4	21	21,6	22,2
Abertura do decote costas (na linha de costura)	21,7	22,3	22,9	23,5
Abertura do decote frente (na linha de costura)	30,4	31	31,6	32,2

CAPÍTULO 1: VESTIDOS

27

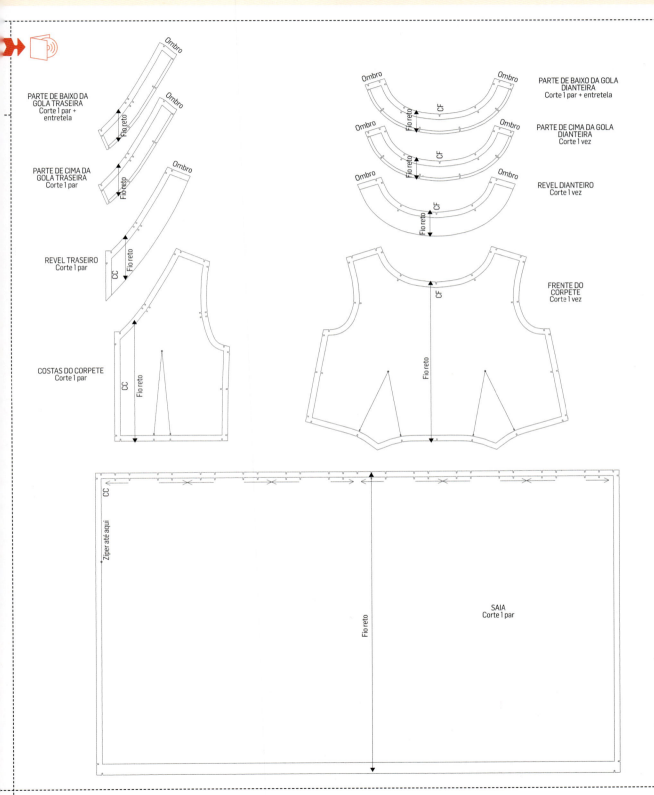

CF: centro-frente   CC: centro-costas

INSTRUÇÕES PARA A MONTAGEM

(1) Prepare a gola. Com direito sobre direito, una as partes do ombro e passe a ferro, abrindo as margens de costura. Repita o procedimento para a parte de baixo da gola.
(2) Usando uma margem de costura de 6 mm, costure a parte de cima e de baixo da gola, direito com direito. Desvire a gola, passe-a a ferro e reserve. **(3)** Prepare o revel. Com direito sobre direito, costure na parte dos ombros e passe a ferro, abrindo as margens de costura. Chuleie a borda inferior com overloque ou com ponto zigue-zague. Reserve. **(4)** Feche as pences nas costas do corpete. **(5)** Feche as pences na frente do corpete e, em seguida, refile as pences, chuleando o corte (ver pág. 160). **(6)** Com direito sobre direito, costure os ombros e a lateral. **(7)** Passe a ferro, abrindo as margens de costura. Finalize as cavas com viés.

DICA PARA A MODELAGEM

Não passe as pregas em excesso: exponha-as ao vapor e deixe que caiam até a bainha, sem restringir o volume com um pregueado rígido.

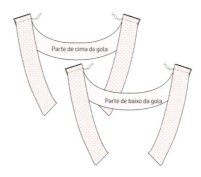
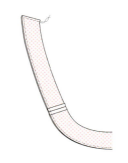

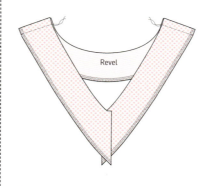
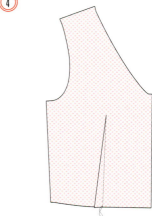

embutido (ver pág. 169). **(8)** Faça a costura do centro-frente da saia e passe a ferro, abrindo as margens de costura. Faça as pregas nas partes da saia, seguindo a direção das pregas indicadas no molde. Com direito sobre direito, costure a cintura e passe a ferro, tombando as margens da costura em direção ao decote. Faça um pique nas bordas da costura (a 45º) do centro-costas do corpete e da saia, para reduzir o volume. Faça a bainha na saia. **(9)** Ajuste o ponto da máquina para o maior possível e costure a partir do centro-costas do decote até o ponto de inserção do zíper. Volte para o tamanho usual do ponto de costura da máquina, faça retrocesso para reforçar a abertura e costure até a bainha. Passe a ferro, abrindo as margens de costura. Insira um zíper invisível (ver pág. 176). Tome cuidado para que as pregas do centro-costas não sejam costuradas à medida que o zíper for sendo colocado. Você terá de parar na costura da cintura. Abaixe a agulha, levante o pé da máquina para mover as pregas que estiverem no caminho e continue a costura abaixo da linha da cintura até o final do zíper. Quando o zíper estiver na posição correta, desfaça os pontos de alinhavo para liberar a abertura. **(10)** Desvire a peça e coloque a gola também desvirada no corpete. Coloque o revel, com direito sobre direito, sobre a gola e o corpete, encaixando a gola entre o corpete e o revel. Prenda com alfinetes, encontrando todas as costuras. **(11)** Costure sobre todas as camadas ao redor da borda dianteira e traseira do decote, parando no centro-costas. Passe a ferro o revel, posicionando-o em cima, e faça um pesponto interno de reforço apenas sobre o revel e as margens de costura. Refile as margens de costura para reduzir o volume. Dobre o revel para a sua posição correta, apare os excessos e costure à mão a borda do revel no zíper.

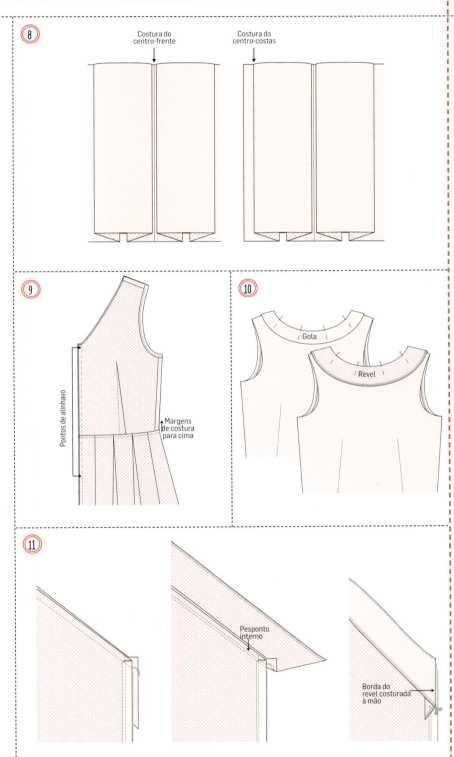

Minivestido: década de 1960

ESPECIFICAÇÃO DA PEÇA

Este vestido possui um evasê suave a partir do quadril e tem uma pala pregueada com gola Peter Pan. Pode ser feito com vários tipos de tecidos. Use uma estampa de cor forte para a parte principal e um tecido liso para o recorte decorativo da pala, a fim de obter um modelo com peitilho.

Tamanhos	P (cm)	M (cm)	G (cm)	GG (cm)
Busto (abaixo da cava)	90	95	100	105
Cintura	69,9	74,9	79,9	84,9
Largura da saia (na altura da bainha)	104,6	109,6	114,6	119,6
Ombros	7,9	8,2	8,5	8,8
Centro-costas (do decote à barra)	86,4	87	87,6	88,2
Abertura do decote costas (na linha de costura)	23,1	23,7	24,3	24,9
Abertura do decote frente (na linha de costura)	29,5	30,1	30,7	31,3
Comprimento do zíper	54	54	54	54
Comprimento da manga (sem o punho)	59,9	60,3	60,7	61,1
Largura do punho	3,5	3,5	3,5	3,5

Frente   Costas

CAPÍTULO 1: VESTIDOS

31

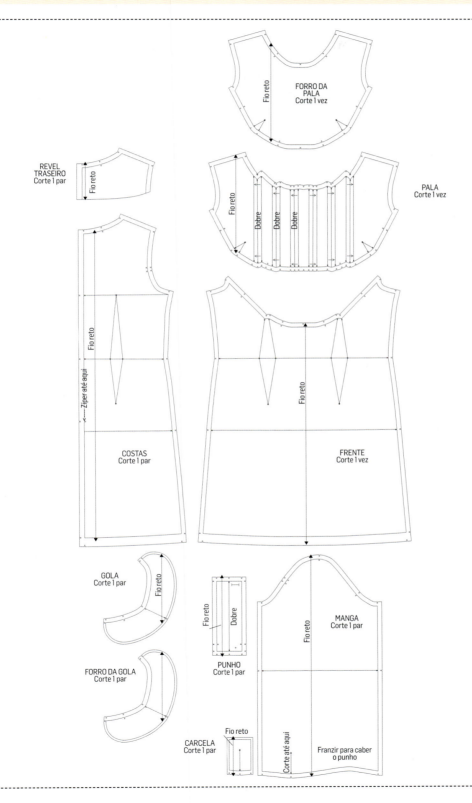

INSTRUÇÕES PARA A MONTAGEM

(1) Primeiro, prepare a gola. Com direito sobre direito, una as partes de baixo e de cima da gola, com uma margem de costura de 6 mm. Como a margem de costura é estreita, não será necessário fazer piques nas curvas, a menos que o tecido seja muito grosso. Repita o procedimento do outro lado. **(2)** Prepare o revel. Costure as pences no forro da pala e, com direito sobre direito, una os ombros do forro da pala com o revel traseiro. Chuleie a borda inferior com overloque ou ponto zigue-zague. Passe a ferro o excesso de pence em direção ao centro-frente. Reserve. **(3)** Prepare o punho. Ajuste o ponto da máquina para o maior possível e passe uma costura de alinhavo ao longo de uma das bordas mais compridas. Volte ao ponto usual da máquina de costura. Dobre o punho ao meio longitudinalmente com direito sobre direito, e costure a borda curta. Costure ao longo da borda curta e um pedaço da borda longa aberta, parando na marca para que seja criado o transpasse. Faça um pique próximo à margem da costura, mas não ultrapasse a linha de costura, e desvire o punho. Passe a ferro e, se desejar, pesponte. Reserve. **(4)** Prepare a carcela da manga. Corte as pontas da borda superior a 45° para criar os cantos e passe a ferro, marcando uma margem de costura de 6 mm em direção ao avesso. Prenda com um ponto de costura da máquina. **(5)** Sobreponha esta peça à manga de modo que fique direito sobre direito. Costure desde a barra até a marcação, a uma largura de aproximadamente 3 mm da marca da fenda. Reduza a distância da costura em direção à parte de cima da abertura, ultrapassando a marca em um ou dois pontos e formando o vértice; gire o trabalho e em seguida costure de volta até a barra, afastando novamente os 3 mm da marca da fenda. Com cuidado, corte através de todas as camadas, ao longo da abertura, parando próximo ao vértice. Vire o revel para o lado avesso da manga e passe a ferro nessa posição. Costure na borda da abertura e feche com pontos invisíveis a borda superior, se desejar. Repita o procedimento do outro lado.

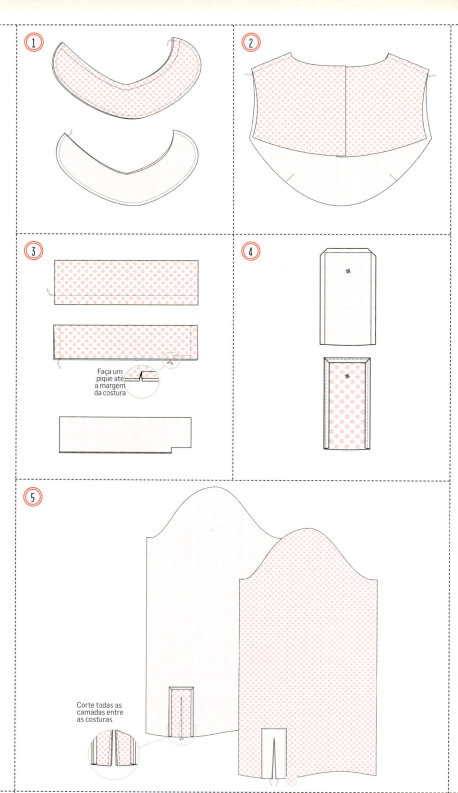

CAPÍTULO 1: VESTIDOS

(6) Com direito sobre direito, costure as laterais da manga (embaixo do braço) e depois passe a ferro, abrindo a margem de costura. Ajuste o ponto da máquina para o maior possível e costure duas linhas paralelas ao longo da borda da barra da manga para fazer o franzido. Vire a manga para o lado avesso e puxe uniformemente as linhas da costura para que a medida da manga fique igual à medida do punho. Coloque a borda aberta do punho sem costura de alinhavo no lado direito da manga e costure unindo o punho à manga. Será necessário dobrar a margem da costura na outra borda, para não correr o risco de prendê-lo acidentalmente durante a costura. Use a costura de alinhavo da máquina, feita na etapa 3, como orientação. Dobre o punho na posição correta, passando a ferro as margens de costura para baixo, entre as camadas do punho. Usando a linha de costura de alinhavo como orientação, dobre a borda solta do punho para cobrir as margens de costura e faça um pesponto próximo à borda da costura ou um ponto invisível para fechar o punho. Costure o botão na ponta que ficará por baixo e faça a casa de botão. **(7)** Dobre a pala, com avesso sobre avesso, para unir os piques, e costure na posição. Desdobre o tecido e passe a ferro a prega (toma) em direção à cava. Repita o procedimento até que todas as tomas sejam finalizadas. Confira a parte com tomas com o forro da pala. Se estiver correto, a parte com tomas estará exatamente igual à peça do forro. Se desejar, use o molde do forro para cortar o tecido de cima e faça a pala sem o detalhe de tomas. **(8)** Costure as pences da frente, das costas e da pala. Passe a ferro o excesso das pences em direção às costuras laterais. **(9)** Com direito sobre direito, costure a pala com a

➤ **DICA PARA A MODELAGEM**
As mangas do vestido longo (ver pág. 36) também podem ser feitas com este modelo.

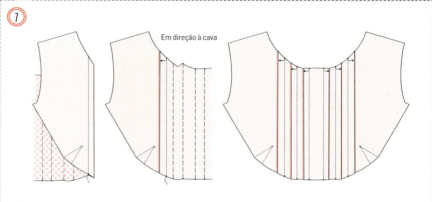

Em direção à cava

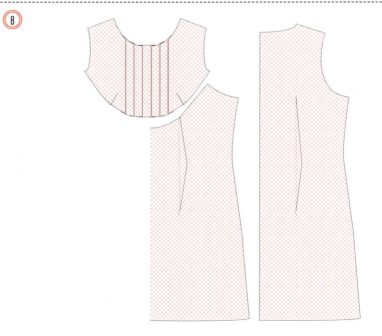

frente do vestido. **(10)** Passe a ferro as margens de costura em direção à barra. Com direito sobre direito, junte as laterais e os ombros. **(11)** Costure à máquina a costura centro-costas. Coloque direito sobre direito, ajuste o ponto da máquina para o maior possível e, usando uma margem de costura de 1,5 cm, costure à máquina em direção à parte inferior da abertura do zíper. Volte para o ponto usual da máquina, faça retrocesso e costure à máquina até a barra. **(12)** Passe a ferro, abrindo a costura central dianteira e insira o zíper seguindo o método semi-invisível detalhado na página 176. Desfaça o ponto de alinhavo feito à máquina para liberar a abertura. **(13)** Vire a peça para o lado direito e coloque a gola no decote. Alinhave à mão na posição para evitar que deslize quando o revel e o forro forem inseridos no próximo estágio. **(14)** Coloque o forro sobre as peças do vestido e da gola, com direito sobre direito, formando um "sanduíche" com as peças da gola entre a pala e o forro da pala. Usando uma margem de costura de 1,2 cm, costure à máquina unindo todas as camadas. **(15)** Faça um pesponto interno em todas as margens de costura do forro, e refile as margens para reduzir o volume. Passe a ferro posicionando o forro corretamente e costure o forro da pala com a pala, apenas nas margens de costura. Como alternativa, una com ponto invisível através da costura da pala. **(16)** Passe a ferro as margens de costura do revel traseiro no centro-costas e costure à mão sobre o zíper. Insira a manga, costurando através de todas as camadas, usando o método descrito na página 162. Faça a bainha para finalizar.

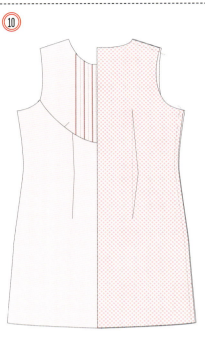

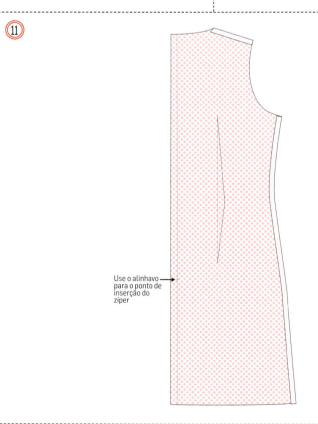

Use o alinhavo para o ponto de inserção do zíper

CAPÍTULO 1: VESTIDOS 35

Vestido longo: década de 1970

ESPECIFICAÇÃO DA PEÇA

Este vestido tem um detalhe franzido no busto. Pode ser feito com uma das duas opções de mangas: uma manga curta e ampla que é franzida no punho (manga A), ou uma manga longa justa, com um pouco mais de volume na altura da cabeça da manga (manga B). Adequado para tecidos de espessura média.

Tamanhos	P (cm)	M (cm)	G (cm)	GG (cm)
Busto (abaixo da cava)	92	97	102	107
Cintura (na linha de costura)	69	74	79	84
Largura da saia (na altura da bainha)	252,4	257,4	262,4	267,4
Ombros	10,7	11	11,3	11,6
Centro-costas (do decote à barra)	140,8	141,4	142	142,6
Comprimento do zíper	54,9	55,5	56,1	56,7
Comprimento da manga B (sem o punho)	21,45	21,85	22,25	22,65
Comprimento da manga A (sem o punho)	26,6	27	27,4	27,8
Largura do punho A	5	5	5	5

Manga A: Frente   Manga A: Costas

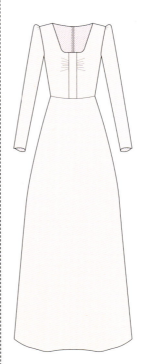 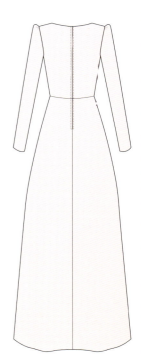

Manga B: Frente   Manga B: Costas

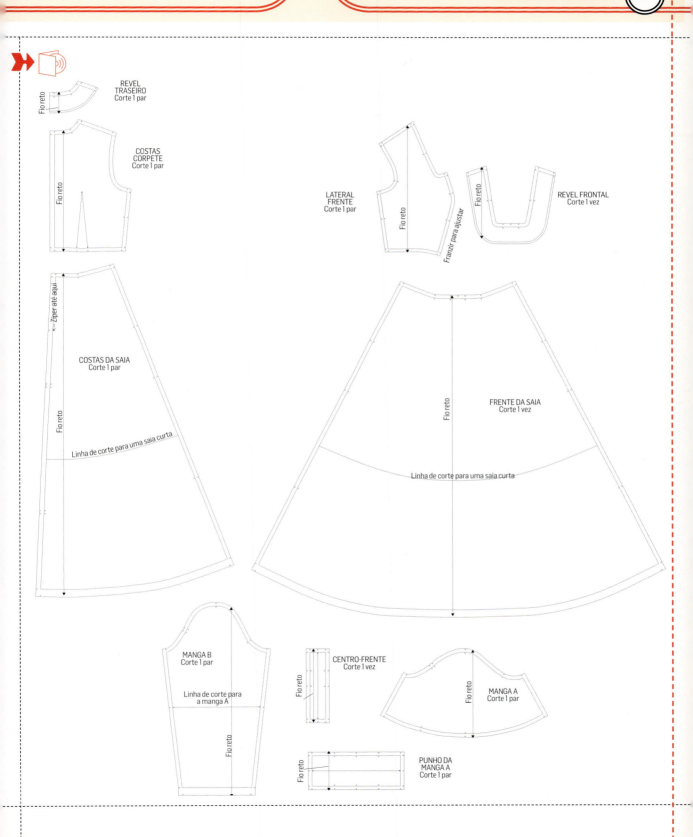

Com a manga A

INSTRUÇÕES PARA A MONTAGEM

(1) Prepare o revel. Com direito sobre direito, una os ombros. Passe a ferro, abrindo as margens de costura e faça o acabamento na borda inferior com overloque ou ponto zigue-zague. **(2)** Prepare o punho. Ajuste o ponto da máquina para o maior possível e faça uma costura de alinhavo com margem de 1,2 cm ao longo de uma das bordas mais compridas. Volte para o ponto usual da máquina. Dobre o punho ao meio no sentido da largura, com direito sobre direito, e costure a borda menor. Em seguida, passe a ferro, abrindo as margens de costura. **(3)** Prepare a manga. Com direito sobre direito, costure a parte de baixo do braço e passe a ferro, abrindo as margens de costura. Ajuste o ponto da máquina para o maior possível e costure duas linhas paralelas ao longo da barra da manga. Volte para o ponto usual da máquina. **(4)** Junte o punho. Puxe as pontas das duas linhas ao mesmo tempo, para franzir o tecido até ter a mesma medida do punho; certifique-se de que o franzido esteja distribuído uniformemente, e coloque a borda sem alinhavo do punho sobre a manga, com direito sobre direito. Costure na posição e passe a ferro, dobrando as margens de costura para baixo. Dobre o punho ao meio e, usando o alinhavo feito à máquina como guia, dobre a margem da costura para dentro, a fim de esconder todas as bordas do tecido dentro do punho dobrado. Pesponte próximo à borda da costura ou feche o punho com pontos invisíveis. **(5)** Ajuste o ponto da máquina para o maior possível e costure duas linhas paralelas entre os cortes na lateral frente; em seguida puxe as pontas das duas linhas ao mesmo tempo, para franzir o tecido. **(6)** Volte para o ponto usual da máquina. Junte a lateral frente

➡ VARIAÇÕES DE ESTILO

A manga do modelo anterior (pág. 30) também fica adequada com esta peça, que também pode ter a saia encurtada até a altura do joelho para dar um toque dos anos 1940.

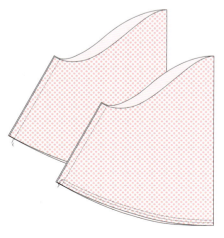

CAPÍTULO 1: VESTIDOS 39

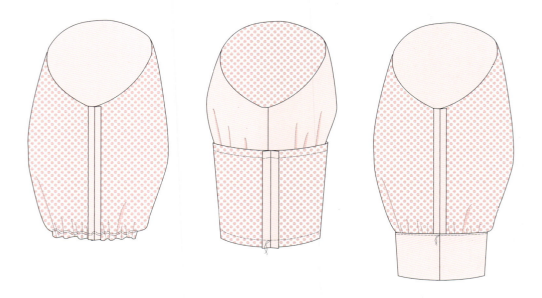

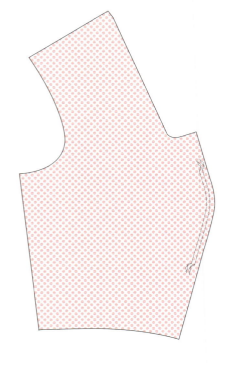

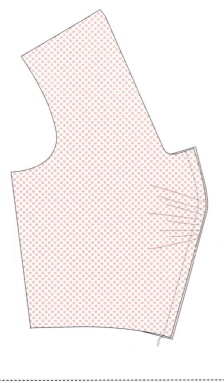

com a faixa centro-frente e, com direito sobre direito, costure à máquina. **(7)** Junte o outro lado e passe a ferro, tombando a margem de costura em direção ao centro-frente. **(8)** Costure as pences traseiras, passando a ferro o excesso das pences em direção à costura lateral. **(9)** Com direito sobre direito, una as costuras laterais e os ombros. Em seguida, passe a ferro, abrindo as margens de costura. **(10)** Com direito sobre direito, una a cintura e passe a ferro, abrindo as margens de costura. Una à máquina a costura centro-costas. Coloque direito sobre direito, ajuste o ponto da máquina para o maior possível e, usando uma margem de costura de 1,5 cm, alinhave à máquina até a parte inferior da abertura do zíper. **(11)** Volte para o ponto usual da máquina, faça retrocesso para reforçar a abertura e costure à máquina até a barra. Passe a ferro a abertura da costura centro-costas e coloque um zíper usando o método semi-invisível descrito na página 176. Desfaça o alinhavo para liberar a abertura. **(12)** Vire a peça para o lado direito e coloque o revel do decote. **(13)** Costure à máquina na posição, com uma margem de costura de 1,2 cm. Faça um pesponto invisível nas margens da costura apenas na parte do revel, e refile as margens para reduzir o volume. Passe o revel na posição correta e costure à mão a margem de costura do revel centro-costas sobre o zíper. Insira a manga, usando o método da página 162. Faça a barra para finalizar.

Com a manga B

Para criar a manga B, pule as instruções para a confecção do punho e insira a manga usando o método tubular descrito na página 162. Observe que a manga B tem uma altura adicional na cabeça da manga, o que resulta em um volume extra. Será necessário franzir isso entre os cortes, de acordo com o método tubular, certificando-se de que a maior parte do excesso seja uniformemente distribuída na cabeça da manga próximo ao ombro.

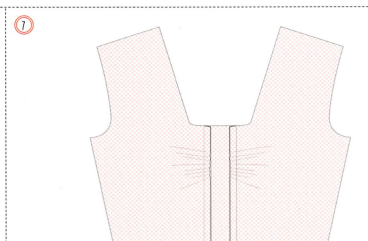

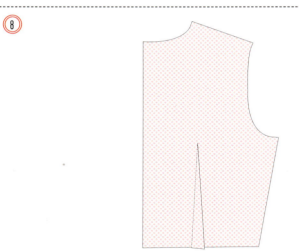

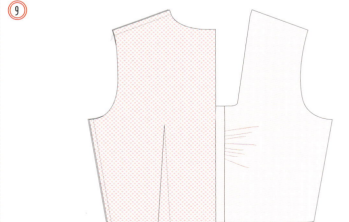

CAPÍTULO 1: VESTIDOS 41

CAPÍTULO 2: BLUSAS E DETALHES

CAPÍTULO 2
Blusas e detalhes

As mulheres usaram blusas pela primeira vez durante o período eduardiano, combinando uma blusa branca de gola alta, ornamentada e debruada de renda, com saias longas pesadas. Um modelo característico dessa época foi a manga presunto, que tinha um grande volume na parte superior do braço, próximo ao ombro, e se ajustava do cotovelo ao punho. Como cada vez mais as mulheres estavam inseridas no mercado de trabalho durante o século XX, a introdução da camisa ou da blusa nos trajes de trabalho foi muito útil, visto que eram práticas, casuais e adequadas para o ambiente profissional. Alguns modelos de camisas são funcionais e unissex, sendo adequados para uniformes e trajes de trabalho; outros são estilos mais deliberadamente femininos, com a adição de peças como a gola Peter Pan, que é ao mesmo tempo feminina e simples. Na década de 1970, as golas eram longas e tinham forma de asa, e as camisas eram geralmente justas, contrastando com uma saia em linha A ou com uma calça boca de sino, que podia ser de jeans.

VISÃO GERAL DOS ESTILOS
Botões: década de 1920 em diante	44
A gola Peter Pan: década de 1920 em diante	46
A gola blazer: década de 1950	48
A gola pontuda: década de 1970	50
Punho de camisa: década de 1970	52

MODELAGEM
Blusa: décadas de 1920, 1940 e 1970	54

Camisa Rozzie (Eucalyptus).

Botões: década de 1920 em diante

NO PASSADO

Os anos 1930 introduziram um novo tipo de material sintético, que fez com que o modelo de botão alcançasse seu estado mais avançado e extravagante desde o século XVIII.

A indústria de botões foi rápida em explorar as oportunidades que os materiais sintéticos ofereciam. Com o apelido de "o material de mil usos", o Baquelite®, inventado em 1907, substituiu quase que completamente todas as outras marcas de plástico usadas para botões; a introdução do plástico Catalin, em 1930, foi outro passo à frente. Os modelos de botões adicionaram um toque alegre ao design de moda, e estilos inovadores, representando frutas e maços de cigarro, tornaram-se populares.

Uma cena do filme *Tempos modernos*, de 1936, mostra Charlie Chaplin correndo atrás de botões que estavam proeminentemente dispostos nas costas e corpetes de vestidos de mulheres ao seu redor, em uma tentativa de apertá-los. Isso captou apropriadamente o fascínio da década por botões e se somou ao seu potencial para a frivolidade.

QUEM: A invenção dos plásticos Baquelite® e Catalin nas primeiras décadas do século XX deu aos designers a oportunidade de usar os botões para dar um toque característico aos seus modelos, em vez de serem usados puramente para fins funcionais.

POR QUÊ: Os botões eram uma ótima maneira de mostrar criatividade e inovação durante tempos de guerra, quando os tecidos estavam em falta.

VARIAÇÕES: Botões de ateliê atendiam o mercado de colecionadores e quase nunca eram usados. Modelos simples e tradicionais ainda são cruciais para fins funcionais.

HOJE

Casaqueto (Orla Kiely).

CAPÍTULO 2: BLUSAS E DETALHES — 45

Estilos e usos, no passado e hoje

MATERIAIS
No passado: Madeira, cortiça, Plexiglas® e plásticos eram usados para fazer botões.

Hoje: O plástico ainda é usado com grande efeito; alguns materiais naturais, como marfim de baleia, marfim de elefante e casco de tartaruga foram banidos.

COMPRIMENTO
No passado: Elsa Schiaparelli levou o tamanho aos extremos durante os anos 1930, criando botões grandes e ornamentados, semelhantes a broches.

Hoje: Dolce & Gabbana continuou com essa tradição em sua coleção de 2009, criando botões grandes e bonitos, semelhantes a uma concha.

ESTILO
No passado: Os botões podiam ser simples ou usados para ficar à mostra, como adorno autoexpressivo; esse impulso ainda continua dando origem a exemplos extraordinários no artesanato.

Hoje: Os botões ainda são um detalhe importante que os designers podem utilizar para fins funcionais ou apenas para dar um toque diferente na peça.

CORES
No passado: Cores vibrantes e estilos inovadores (chamados *goofies*) eram populares, e adicionavam originalidade a todos os estilos de roupa.

Hoje: Todas as cores estão disponíveis e são muitas vezes utilizadas para realçar ou complementar diferentes estilos.

COMBINAÇÕES POSSÍVEIS
No passado: As restrições de moda impostas pelas medidas de austeridade da Segunda Guerra Mundial significavam que os botões ofereciam uma maneira de adicionar excentricidade a um estilo. Costurados em estilos minimalistas com paletas sóbrias, os botões trouxeram vida às roupas.

Hoje: A fase dos botões inovadores de certa forma passou, e hoje os botões são vistosos e funcionais. Considerados complementos essenciais a alguns estilos, os botões são vistos em uma grande variedade de roupas, em diversas cores e modelos.

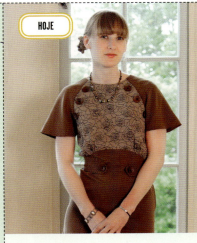

HOJE

Vestido com botões (Decades of Style).

HOJE

Vestido (Family Affairs).

DICAS DE COSTURA
- Combine a linha com o botão e use linha dupla para aumentar a resistência e a durabilidade.
- Não faça uma costura muito apertada; o uso de botões funcionais exige espaço para a sobreposição de tecidos.
- Depois de passar a linha através de cada buraco do botão, leve a agulha para o local entre o botão e a peça de roupa e enrole o fio ao redor dos fios já presos, duas ou três vezes, para apertar os pontos e criar uma espécie de "pé" para o botão.

A gola Peter Pan: década de 1920 em diante

As golas Peter Pan adicionaram um detalhe simples mas desejável aos trajes, vestidos e camisas a partir do século XIX, e continuam sendo reutilizadas para atender cada novo período da moda.

O museu Victoria & Albert, de Londres, mostra um manto de criança com uma gola Peter Pan sobreposta com recorte ondulado, que data de 1830, junto com um tailleur de 1950 e um vestido moderno de Mary Quant (1960) – ambos modelos ostensivos que ilustram a evolução desse estilo. Entretanto, foi o traje usado pela atriz Maude Adams na primeira produção teatral americana da peça *Peter and Wendy*, de J. M. Barrie, que fez com que a gola recebesse esse nome.

Anteriormente, a gola arredondada, vestida separadamente do resto do traje para que pudesse ser lavada com mais frequência, era sinônimo de uniforme infantil, como no vestido Quaker, no caso dos meninos do livro *Little Lord Fauntleroy* e da estudante do romance *Claudine à l'école*, de Colette (1900). Apesar de ter passado por um amadurecimento ao longo do século XX, é o modelo de aluna recatada que é popular novamente hoje, com camisas de gola Peter Pan sendo usadas com jardineiras e saias estilo *preppy* ou ornamentando vestidos simples.

QUEM: Entrou em voga por causa do traje de Maude Adams na primeira produção teatral americana da peça *Peter and Wendy*, de J. M. Barrie.

POR QUÊ: Um detalhe simples e versátil ao modelo.

VARIAÇÕES: Golas com recorte ondulado e estilos lisos pontudos.

ESTILOS SEMELHANTES: Gola blazer, pág. 48; gola pontuda, pág. 50.

MODELAGENS PARA COMBINAR: Minivestido, pág. 30; blusa, pág. 54.

Chemisier (Aubin & Wills).

CAPÍTULO 2: BLUSAS E DETALHES

Estilos e usos, no passado e hoje

TECIDO
No passado: Nos anos 1800 e início dos anos 1900, o algodão engomado tornou-se popular para a gola Peter Pan removível. Para trajes formais, como vestidos de noiva nas décadas de 1930 e 1940, a seda era o material preferido.

Hoje: Algodão, poliéster e veludo são favorecidos com esse estilo, e golas removíveis com acessórios de pedrarias e de metal também podem substituir a tradicional gola Peter Pan de tecido.

COMPRIMENTO
No passado: Golas lisas e grandes eram usadas para decorar trajes e uniformes nos anos 1880 e 1890, enquanto golas menores e redondas entraram em moda na metade do século XX.

Hoje: Golas pequenas e arredondadas estão voltando a se tornar populares em lojas de moda tradicionais, enquanto estilos mais compridos e largos ganham atenção nas passarelas.

ESTILO
No passado: No início do século XX, a gola Peter Pan era grande e lisa, às vezes com babados e renda, em uniformes de crianças e trajes formais femininos. Em meados do século, o modelo era normalmente usado com miçangas, apliques e pedrarias para vestidos de coquetel, e voltou à sua forma mais simples no look *mod* dos anos 1960.

Hoje: Hoje, golas pequenas e arredondadas adornam vestidos e camisas, enquanto golas removíveis são frequentemente estampadas, feitas com tecidos florais vintage ou com itens de artesanato, como metais e miçangas, apliques e pedrarias, para formar acessórios alternativos.

CORES
No passado: Quando os detalhes começaram a ganhar destaque, as golas brancas e engomadas tornaram-se populares em trajes, uniformes e roupas formais, enquanto cores mais vivas e estilos contrastantes pretos ou brancos tornaram-se elegantes em meados do século XX.

Hoje: Golas contrastantes pretas ou brancas foram ressuscitadas por designers atuais e ícones da moda, como Alexa Chung e Zooey Deschanel, enquanto outras combinações de cores monocromáticas e estampas vintage vibrantes também estão na moda.

COMBINAÇÕES POSSÍVEIS
No passado: Uniformes infantis, como calças curtas, vestidos escolares e tailleur, seguidos por vestidos de noiva longos nos anos 1930 e 1940 e estilos de vestido de coquetel em meados do século XX.

Hoje: Mais comumente adicionado como um detalhe em vestidos tubinho largos, normalmente sem mangas ou com mangas sino, ou em camisas de algodão opacas ou transparentes.

DICAS DE COSTURA

- Para criar uma gola Peter Pan que não dobra, use entretela para firmá-la.
- Caso esteja usando uma entretela termocolante, una-a com a parte de baixo da gola.
- Normalmente é mais fácil fusionar a entretela no tecido antes de cortá-lo para reduzir a elasticidade e distorção.
- Use uma outra camada de tecido transparente como entretela para uma gola feita com tecido fino. Isso encorpará a gola sem prejudicar o efeito do tecido.

HOJE

Blusa com gola Peter Pan (Primark).

A gola blazer: década de 1950

NO PASSADO

Um estilo tradicional de gola de quatro pontas facilmente reconhecido, a gola blazer tem sido usada na montagem de camisas e blusas desde o início do século XX. Frequentemente vista em lapelas grandes de camisas, jaquetas e casacos, o decote frontal fica virado ou dobrado para fora para criar o efeito. É um estilo unissex, usado com frequência em camisas desabotoadas no colarinho.

Criada como um modelo simples, casual e funcional, a blusa com gola blazer tornou-se um sucesso nas mãos de Claire McCardell, a designer americana que fazia elegantes roupas *prêt-à-porter* para o dia, as quais eram muito acessíveis. Ela usava tecidos simples e evitava aplicar acessórios decorativos. Nos anos 1950, ela introduziu o vestido com cinto que possuía gola blazer e saia godê de cores fortes, peça que se tornou um estilo muito desejado na época.

QUEM: As roupas para o dia casuais e confortáveis, criadas por Claire McCardell, atraíram os holofotes da moda.

POR QUÊ: Podem ser feitas com tecidos econômicos e facilmente encontrados.

VARIAÇÕES: Golas tradicionais pontudas oferecem uma abordagem semelhante, talvez um pouco mais simples.

ESTILOS SEMELHANTES: Gola Peter Pan, pág. 46; gola pontuda, pág. 50.

MODELAGENS PARA COMBINAR: Blusa, pág. 54; saia de pregas, pág. 66; calça pantalona, pág. 82.

HOJE

Camisa listrada (Urban Outfitters).

CAPÍTULO 2: BLUSAS E DETALHES — 49

Estilos e usos, no passado e hoje

TECIDO

No passado: O algodão era o tecido mais popular, uma vez que era acessível e fácil de trabalhar. A musselina também era uma opção. O guingão também era usado, especialmente durante o período *rockabilly*, no fim dos anos 1950.

Hoje: O algodão ainda é uma escolha comum; a popelina é às vezes usada, e o algodão orgânico está ficando cada vez mais disponível. Tecidos mistos de algodão e poliéster são materiais que permitem que o corpo respire melhor durante os meses de verão.

COMPRIMENTO

No passado: Golas blazer curtas eram vistas em blusas quadradas (*boxy*) de manga curta.

Hoje: O comprimento das golas ainda é curto em blusas, sendo os estilos *boxy* a preferência no verão.

ESTILO

No passado: Um estilo normalmente usado pelos adolescentes do *rockabilly*, a blusa com gola blazer teve seu destaque na moda durante a década de 1950. O estilo também atraía aqueles que frequentavam ambientes mais profissionais, mas era comumente usado em tecidos lisos.

Hoje: Com o intuito de passar a imagem de "secretária sexy", Prada usou a blusa de gola blazer com grande efeito em coleções recentes.

CORES

No passado: Este estilo possibilita o uso de diversos tons. Amarelo, cor-de-rosa claro e azul-claro eram populares nos anos 1950, enquanto o marfim oferecia uma opção mais sofisticada.

Hoje: As estampas estão na moda atualmente, enquanto tons vibrantes fornecem uma imagem descontraída que pode ser obtida com a blusa de gola blazer.

COMBINAÇÕES POSSÍVEIS

No passado: O traje de 1950 ficava completo com uma saia poodle godê, meia soquete, cintos e sapato boneca.

Hoje: Coloque uma blusa de gola blazer por dentro de uma saia-lápis para dar movimento à silhueta.

DICAS DE COSTURA

- Corte em diagonal a margem de costura do canto da gola para reduzir o volume e desvirar mais facilmente.
- Empurre cuidadosamente as bordas para fora, sem usar as pontas afiadas da tesoura para fazer o canto.
- Não passe em excesso a gola já desvirada, pois isso pode marcar e deixar expostas as margens da costura, prejudicando a apresentação da peça.

HOJE

Casaco com gola blazer (Betty Barclay).

A gola pontuda: década de 1970

A gola molda o rosto e chama a atenção para ele, sendo, sem dúvida, um dos detalhes mais importantes de qualquer camisa ou blusa. A gola pontuda é uma gola de tamanho bem grande cujas pontas lembram uma orelha de cachorro, por isso também chamada de *dog-eared*. Popular nos anos 1970, o estilo era comumente visto em blusas abotoadas na frente com pala e manga bufante. Decotes em V com uma abertura também eram populares.

Estampas cheias de informações eram usadas com grande efeito nessa época, e o estilo alongado da gola pontuda dava um toque a mais na silhueta longa e esguia da década.

NO PASSADO

QUEM: Yves Saint Laurent adaptou a alfaiataria masculina em roupas femininas, incluindo a gola pontuda.

POR QUÊ: Este estilo de gola longa acompanhava a popularidade da silhueta longa e delgada que entrou em voga durante os anos 1970.

VARIAÇÕES: Golas pontudas mais tradicionais também eram usadas com grande efeito nessa época.

ESTILOS SEMELHANTES: Gola Peter Pan; pág. 46; gola blazer, pág. 48.

MODELAGENS PARA COMBINAR: Blusa, pág. 54; saia de pregas, pág. 66; calça pantalona, pág. 82.

HOJE

Vestido de gola pontuda (Old Age Vintage).

HOJE

Vestido de gola pontuda e estampa de maçã (Old Age Vintage).

CAPÍTULO 2: BLUSAS E DETALHES — 51

Estilos e usos, no passado e hoje

TECIDO
No passado: Era comum o uso de tecidos sintéticos, embora as fibras naturais fossem também populares. Algodão e jérsei eram escolhas comuns e, no fim dos anos 1970, tecidos como viscose, poliéster e raiom tornaram-se populares.

Hoje: Tecidos sintéticos são usados com frequência hoje em dia, e a entretela da gola costuma ter a mesma espessura do tecido da camisa ou blusa.

COMPRIMENTO
No passado: As golas pontudas atingiram o extremo em termos de comprimento durante a década de 1970; golas com comprimento de 17,5 cm não eram incomuns.

Hoje: O comprimento popular é mais conservador, em torno de 12,5–16,25 cm.

ESTILO
No passado: Usada por mulheres modernas, a camisa com gola pontuda marcou o estilo de liberação e independência dos anos 1970, visto que tais camisas eram frequentemente combinadas com calças.

Hoje: Esta gola foi uma grande tendência na década de 1970. Marc Jacobs modernizou o modelo em 2010, incorporando variações do estilo em suas criações.

CORES
No passado: Tons *off-white* eram combinados com colete de tricô laranja-escuro. Padronagens vibrantes tinham seu papel, e foi por volta dessa época que as pessoas começaram de fato a experimentar tons mais exóticos.

Hoje: Este tipo de gola é visto com frequência em estilos com uma proposta retrô. Roxo, mostarda, vermelho e tons de creme tradicionais vão bem com golas pontudas.

COMBINAÇÕES POSSÍVEIS
No passado: Usada por baixo de colete de tricô, com jeans, salto plataforma ou calças boca de sino, a gola pontuda realçou a silhueta alongada da época.

Hoje: A gola pontuda tem recebido destaque sendo usada por baixo de vestido avental e com calça boca de sino para dar um ar retrô.

DICAS DE COSTURA
- Virar uma gola pontuda do avesso pode ser complicado: um gabarito de passadoria pode ser de grande valia para ajudar a virar uma bela gola. Trace uma cópia da modelagem da gola, sem as margens de costura, em um papelão e insira-a nas peças da gola viradas do avesso antes de passar a ferro.
- Use um tecido contrastante ou varie a posição do fio reto da modelagem para adicionar um elemento extra a esse simples modelo.

Gola pontuda (acervo pessoal).

Blusa estilo faroeste (H Bar C).

Punho de camisa: *década de 1970*

NO PASSADO

O punho de uma camisa ou blusa tem dois propósitos: ser funcional ou ser um acessório atrativo, fornecendo acabamento elegante à manga. Os anos 1970 viram o aumento do uso de blusas com punhos largos em peças de alfaiataria femininas.

Para dar mais ênfase, o punho é normalmente cortado em fio reto diferente ou em um tecido contrastante. Normalmente as blusas de tecidos leves possuem um punho largo ou duplo para fornecer equilíbrio ao modelo.

Elementos femininos, como babados, laços ou aplicações bordadas, garantiram que o punho deixasse sua marca nas blusas dos anos 1970.

QUEM: Um estilo popular que derivou da apropriação de peças de alfaiataria masculinas para a moda feminina feita por Yves Saint Laurent.

POR QUÊ: Como as calças e o jeans atingiram o auge de sua popularidade na década de 1970, a blusa com punho largo era o par perfeito para esses estilos.

VARIAÇÕES: Punhos dobrados fornecem um toque esportivo, enquanto punhos enrolados fornecem às camisas um estilo mais casual.

MODELAGENS PARA COMBINAR: Blusa, pág. 54.

HOJE

Camisa com manga bufante (acervo pessoal).

CAPÍTULO 2: BLUSAS E DETALHES

Estilos e usos, no passado e hoje

TECIDO
No passado: Algodão e seda eram usados com frequência, mas tipos mais grossos de poliéster também eram populares.

Hoje: O algodão fino e leve ainda é o tecido preferido, embora também sejam usados com frequência o poliéster, o cetim e a seda.

COMPRIMENTO
No passado: O punho duplo ganhou popularidade no início dos anos 1970, com o estilo bata permanecendo popular.

Hoje: Depois da ascensão da manga três-quartos durante os anos 1990, o punho voltou ao seu comprimento tradicional em camisas.

ESTILO
No passado: Usadas por mulheres que queriam estar à frente das tendências, as blusas e camisas com punho duplo dos anos 1970 eram consideradas altamente modernas e tinham um toque masculinizado.

Hoje: Visto que os punhos abotoados fazem um par perfeito com um tailleur de alfaiataria, até hoje as blusas com punho são usadas em ambientes de trabalho.

CORES
No passado: A cor do punho combinava com a cor da blusa. Os tons mais populares eram o amarelo-mostarda, laranja, vermelho e verde.

Hoje: As cores usadas em blusas e camisas variam conforme as mudanças das tendências. Com a moda vintage atualmente na vanguarda, tons de laranja ainda são vistos com frequência. Os mais tradicionais tons de bege e branco também são muito usados.

COMBINAÇÕES POSSÍVEIS
No passado: Usadas por baixo de colete de lã e combinadas com saias longas, jeans boca de sino e calças de alfaiataria, as camisas e blusas com punho duplo adicionavam um elemento chique e ligado à alfaiataria a muitos looks.

Hoje: Um estilo versátil, que pode ser usado de dia ou de noite e com uma variedade de opções, as blusas com punho mantêm o ar de elegância. Para equilibrar o estilo bata, combine-o com calças justas ou uma saia-lápis.

DICAS DE COSTURA
- Use entretela simples ou termocolante para dar corpo e suporte a um punho, mas escolha um tipo que não seja muito grosso.
- Para facilitar o trabalho, prenda o punho na manga antes de juntá-la à peça. Como regra básica, complete primeiro o punho em uma manga tubular; em peças em que a costura debaixo do braço e a costura lateral são feitas de uma vez só, prenda o punho em uma fase posterior.

HOJE

Camisa com punho de babados (Very.co.uk).

HOJE

Blusa Imogen (Matilda & Quinn).

Blusa: décadas de 1920, 1940 e 1970

ESPECIFICAÇÃO DA PEÇA
Esta blusa tem uma manga bispo ampla e a opção de uma gola arredondada ou pontuda. O modelo é adequado para tecidos leves ou médios.

VARIAÇÕES DE ESTILO
Esta blusa pode ser confeccionada com pences na cintura, para que a silhueta fique mais justa, ou sem as pences, para deixar a silhueta mais descontraída. Considere também a opção de aplicar um bolso chapado.

Frente: gola pontuda sem cintura marcada

Costas: gola pontuda sem cintura marcada

Frente: gola arredondada com cintura marcada

Costas: gola arredondada com cintura marcada

Tamanhos	P (cm)	M (cm)	G (cm)	GG (cm)
Busto (abaixo da cava)	90,6	95,6	100,6	105,6
Cintura (18 cm abaixo da cava)	79,5	84,5	89,5	94,5
Largura da blusa (na altura da bainha)	94,2	99,2	104,2	109,2
Ombros	12,5	12,8	13,1	13,4
Centro-costas (do decote à barra)	60,4	61	61,6	62,2
Decote costas (na linha de costura)	14,9	15,5	16,1	16,7
Decote frente (na linha de costura)	11,9	12,5	13,1	13,7
Bíceps	35,5	37,5	39,5	41,5
Largura do punho (na manga)	50,2	51,2	52,2	53,2

CAPÍTULO 2: BLUSAS E DETALHES 55

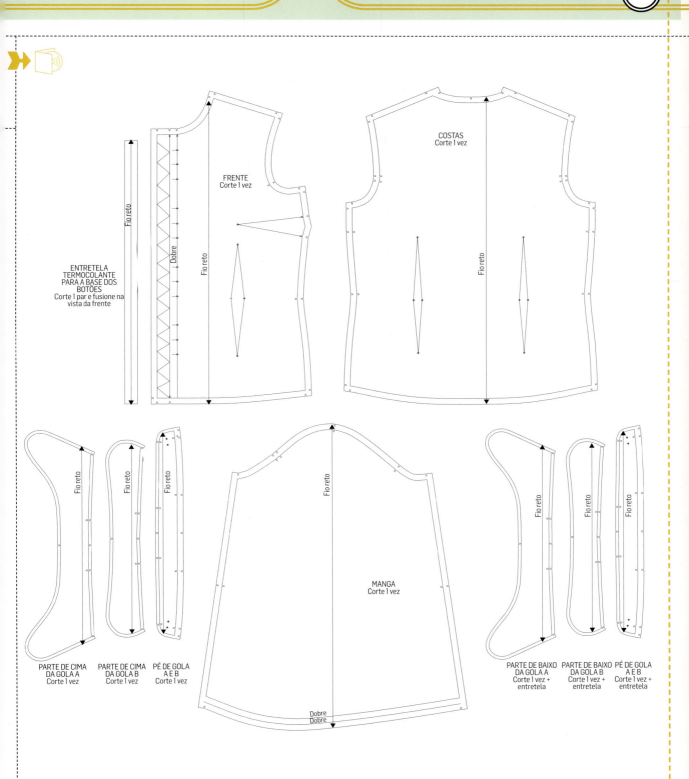

INSTRUÇÕES PARA A MONTAGEM

(1) Para preparar a gola, fusione a entretela à parte de baixo da gola e do pé de gola. Com direito sobre direito, e usando uma margem de costura de 6 mm, una a parte de cima e de baixo da gola ao longo da borda curvilínea. Desvire a gola, usando um gabarito de papelão para deixar a borda sem dobras, e passe a ferro. Faça um pesponto na gola (a cerca de 5 mm da borda). Ajuste o ponto da máquina para o maior possível e passe uma costura de alinhavo ao longo da borda inferior do pé de gola já com entretela (a 1,2 cm da borda inferior). Com direito sobre direito, coloque a gola desvirada sobre a parte do pé de gola sem entretela; em seguida, coloque o pé de gola entretelado por cima, com os lados avessos para cima. Costure através de todas as camadas, usando uma margem de costura de 6 mm. Inicie e termine a costura na altura do ponto de alinhavo executado no estágio anterior. Vire a gola para o lado direito e passe a ferro com cuidado, usando um gabarito de papelão, se desejar. Dobre e passe a ferro as margens de costura do alinhavo para cima, de modo que fiquem do lado de dentro da gola. Reserve. **(2)** Passe a ferro a entretela na vista da frente e costure as pences na frente e nas costas do corpo. **(3)** Usando o primeiro pique como guia, passe a ferro a 1,2 cm da margem da costura em direção ao lado avesso; e pesponte a 5 mm da borda dobrada. Usando o segundo pique como guia, dobre e passe a ferro formando a vista dos botões e pesponte a 5 mm da borda. **(4)** Faça as casas dos botões na faixa central dianteira (no lado direito da camisa) e no pé de gola.

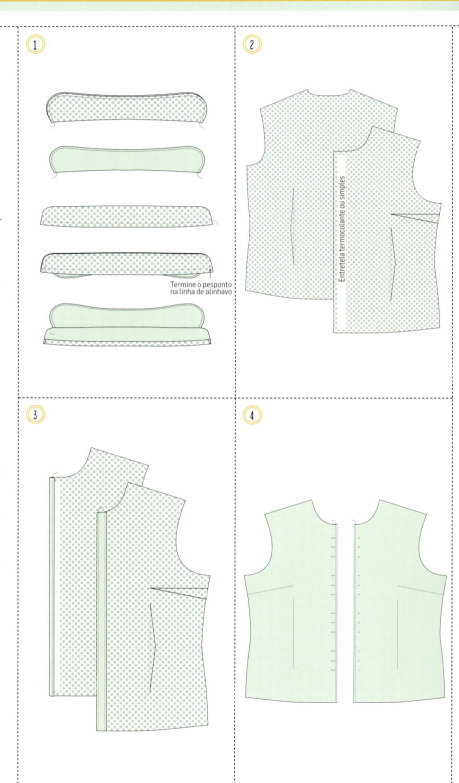

CAPÍTULO 2: BLUSAS E DETALHES

(5) Com direito sobre direito, una os ombros e as laterais. Passe a ferro, abrindo as margens de costura. **(6)** Para inserir a gola, vire a peça para o lado direito e coloque a borda aberta do pé de gola na borda da parte superior traseira da camisa. Costure no local, usando uma margem de costura de 1,2 cm. Dobre a gola na posição, empurrando as margens da costura para cima, de modo que fiquem entre as duas partes do pé de gola, e outra com a borda anteriormente dobrada. Faça uma costura na borda ou feche com ponto invisível, e complete o pesponto a 5 mm da borda. **(7)** Dobre a manga ao meio com os lados direitos voltados para dentro e una a parte de baixo do braço. Passe a ferro, abrindo as margens de costura. **(8)** Faça uma bainha de dobra dupla na manga, para fazer um canal para passar o elástico, deixando um espaço sem costurar para poder inserir o elástico. Coloque o elástico e finalize o pesponto. Insira a manga na cava usando o método descrito na página 162 e finalize a bainha.

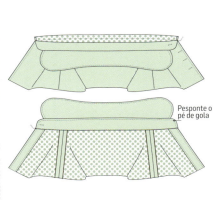

Pesponte o pé de gola

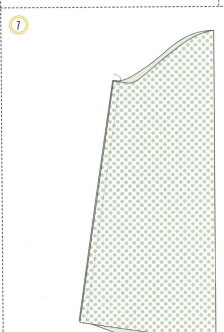

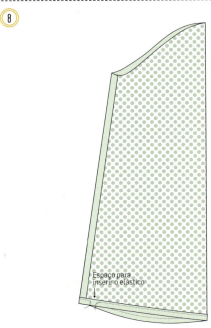

Espaço para inserir o elástico

CAPÍTULO 3
Saias

De um modo geral, os formatos e os comprimentos das saias seguiam as silhuetas e os estilos dos vestidos no século XX, embora as saias fossem com frequência consideradas apropriadas para ocasiões mais casuais e roupas para o dia. Nos anos 1930 e 1940, as mulheres normalmente usavam um tailleur de tecidos práticos e resistentes, como o tweed. Como a participação das mulheres em esportes foi ficando mais comum, saias curtas pregueadas foram adotadas para atividades como o tênis. Os anos 1950 introduziram novas silhuetas: a saia godê armada com camadas de anáguas é o traje principal da década, enquanto a elegante saia-lápis, que é harmoniosa o suficiente para ser usada no trabalho e glamorosa para trajes de noite, é até hoje um estilo popular. A minissaia dos anos 1960 tornou-se um item de moda icônico, que simbolizava a rebelião jovem da época, enquanto as saias no meio da panturrilha e as saias longas são estilos que reapareceram nos últimos anos.

VISÃO GERAL DOS ESTILOS

A saia-lápis: década de 1950	60
A saia godê: década de 1950	62
Saias plissadas e pregueadas: décadas de 1950 e 1960	64

MODELAGENS

Saia de pregas: década de 1950	66
Saia godê: década de 1950	70

Saia-lápis
(Internacionale).

A saia-lápis: década de 1950

NO PASSADO

A saia-lápis foi criada para acentuar as curvas naturais das mulheres, e seu corte é esguio, reto e estreito. As saias-lápis geralmente têm o comprimento no joelho, ou logo abaixo dele, e costumam ter uma fenda atrás ou na lateral para que a mulher possa andar com mais facilidade. As saias-lápis são extremamente versáteis e rapidamente tornaram-se um traje de trabalho comum no início dos anos 1950, embora seu estilo clássico também signifique que possam ser usadas com meia-calça colorida, sapatos e acessórios para um look mais casual.

QUEM: O designer francês Christian Dior introduziu a clássica saia-lápis.

POR QUÊ: As saias-lápis foram desenhadas para acentuar as curvas naturais do corpo da mulher, atendendo ao desejo pós-guerra de novas modas femininas.

ESTILOS SEMELHANTES: Saia de pregas, pág. 66.

MODELAGENS PARA COMBINAR: Blusa, pág. 54.

HOJE

Saia-lápis metálica com estampa *pied-de-poule* (M&co).

CAPÍTULO 3: SAIAS 61

Estilos e usos, no passado e hoje

TECIDO
No passado: As saias-lápis eram geralmente feitas de linho, algodão, lã, tweed, seda e raiom.

Hoje: Podem ser feitas com uma enorme variedade de tecidos: lã leve ou algodão acentuam as curvas, e ainda assim têm uma elasticidade natural que facilita o movimento e proporciona conforto.

COMPRIMENTO
No passado: As saias-lápis eram mais conhecidas por terem comprimento no joelho ou até 5 cm abaixo dele.

Hoje: Saias-lápis modernas geralmente vão até o joelho.

ESTILO
No passado: As saias-lápis eram simples e clássicas, com comprimento no joelho e cores lisas.

Hoje: As saias-lápis de hoje são similares no estilo, mas podem ser modernizadas com cós largo e acabamentos como renda e laços.

CORES
No passado: As saias-lápis ficavam restritas às cores de tecidos disponíveis no momento. Quando apareceram como traje de trabalho, elas eram populares em cores e tons escuros, como preto e cinza.

Hoje: Saias-lápis modernas estão disponíveis em uma grande variedade de cores e estampas.

COMBINAÇÕES POSSÍVEIS
No passado: Nos anos 1960, as saias-lápis eram usadas com blusas justas, suéteres leves, jaquetas ou túnicas – roupas com cintura marcada que acentuavam as curvas femininas. Os espartilhos, que haviam sido abandonados, voltaram a se tornar populares para realçar a forma da saia-lápis. Saltos altos e meias eram também comumente usados em conjunto com uma saia-lápis.

Hoje: Para um estilo retrô, use com meia arrastão, salto, uma jaqueta ou um cardigã curtos e um colar de pérolas ou um broche. Um princípio básico do uso de saia-lápis é mantê-la sem acessórios, por isso, nada de cintos, bolsos ou pregas. *Ankle boots* também são um item moderno que complementa o estilo da saia-lápis.

DICAS DE COSTURA
- A chave para se ter êxito na confecção de uma saia-lápis é medir com precisão o topo, a cintura, a parte traseira e o comprimento.
- Escolha um tecido relativamente forte com um pouco de *stretch*. Se você optar por não mexer com zíper ou pences, use jérsei ou elastano.

HOJE

Saia-lápis de neoprene (Penneys – Irlanda).

A saia godê: década de 1950

NO PASSADO

As saias godê tornaram-se populares em 1950. Depois da Segunda Guerra Mundial, com o fim da restrição para investimento em tecidos e vestuário, as barras desceram e as saias ficaram mais amplas como parte do New Look de Christian Dior.

As saias godê geralmente são feitas com um pedaço de tecido grande e circular, com um corte no centro para a cintura (embora saias godê mais baratas sejam cortadas em partes para fazer um ou mais círculos). A montagem circular do modelo acentua as formas femininas e cai suavemente a partir da cintura, sem pences, pregas nem franzido. Podem-se usar anáguas por baixo para obter o efeito rodado e para criar maior contraste entre a cintura estreita e a saia rodada.

Embora existisse uma variedade de saias godê disponíveis nos anos 1950, as saias poodle são as mais conhecidas; são feitas de feltro de lã e decoradas com apliques, bordados e outros enfeites. O aumento da popularidade da saia godê coincidiu com o surgimento do rock'n'roll e, pelo fato de ser ampla e flutuante, a saia godê permitia que as mulheres girassem e dançassem livre e energicamente de acordo com a música.

QUEM: O formato amplo da saia godê surgiu como parte do New Look de Christian Dior; Juli Lynne Charlot é reconhecida como a designer original da saia poodle.

POR QUÊ: Por causa de seu formato simples, a saia godê é fácil de fazer e de ornamentar. O formato da saia rodada também a tornou apropriada para dançar o rock'n'roll de maneira bem animada.

VARIAÇÕES: Variações incluem a saia poodle, a *conversation skirt* (saia godê completa ou círculo completo), a saia godê mexicana, a saia godê três-quartos e a saia meio-godê.

ESTILOS SEMELHANTES: Vestido de baile, pág. 26.

MODELAGENS PARA COMBINAR: Vestido longo, pág. 36; combinação dos anos 1940, pág. 120; bustiê e anágua, pág. 124.

HOJE

Saia Cowburn (Hobbs).

HOJE

Saia godê pregueada (Tatyana Khomyakova para Bettie Page).

Estilos e usos, no passado e hoje

TECIDO
No passado: As saias poodle eram feitas de feltro de lã e decoradas com apliques, enquanto saias mais formais eram feitas de tecidos mais leves, como seda, musselina ou algodão.

Hoje: Todos os tipos de tecidos podem ser usados para fazer uma saia godê. Algodões leves fornecem mais fluidez, enquanto o poliéster ou misturas de poliéster podem resultar em uma saia que não amassa muito. Caso você seja uma costureira iniciante, evite o uso de tecidos com elastano ou acetinados, pois é mais difícil trabalhar com eles.

COMPRIMENTO
No passado: Comprimentos típicos variavam entre abaixo do joelho e no meio da panturrilha.

Hoje: As saias atuais com estilo retrô têm comprimentos semelhantes, mas as saias godê costumam ser mais curtas, tipicamente na altura do joelho ou acima.

ESTILO
No passado: As saias poodle decoradas com apliques eram o estilo mais popular nos anos 1950, sendo usadas com ou sem anágua.

Hoje: As saias godê variam mais em termos de tecidos e comprimentos. Cortes diferentes, como a saia meio-godê, também podem ser encontrados.

CORES
No passado: As saias poodle eram normalmente feitas com uma única cor forte, em geral cor-de-rosa ou azul. As saias godê mexicanas eram feitas com tecidos brilhantes chamativos ou eram pintadas à mão em cores vibrantes e enfeitadas com paetê.

Hoje: O modelo básico de saia godê pode receber uma grande variedade de cores e padronagens. Use uma cor só e acabamento de apliques para um look mais retrô, ou estampas florais, geométricas ou xadrez para um modelo mais audacioso.

COMBINAÇÕES POSSÍVEIS
No passado: Nos anos 1950, as adolescentes usavam a saia poodle com suéteres justos ou blusas de manga curta, meia soquete branca e sapatos oxford sem salto ou sapato canvas branco com cordão. Uma anágua com babados ou um vestido combinação eram também usados por baixo da saia para que ela permanecesse rodada. O cabelo comprido era preso com rabo de cavalo ou se usava uma echarpe transparente como uma faixa de cabeça.

Hoje: Saias godê com cós largo ficam melhores quando usadas com uma blusa mais larga, enquanto saias godê com um cós mais estreito ficam mais equilibradas se usadas com uma blusa mais justa, como camisete, camiseta, blusa ou suéter. Para um visual mais retrô, combine com um cinturão, uma blusa Peter Pan e um sapato oxford.

DICAS DE COSTURA
- Se você quiser uma saia mais encorpada, considere usar um círculo e meio, o que envolve juntar um círculo na parte de trás e depois metade na frente. Basta acrescentar uma outra camada de tecido à modelagem. A maneira mais fácil de se fazer a cintura é dobrá-la e inserir um elástico. Uma abordagem mais sofisticada envolve fazer um cós separado e costurá-lo em direção à saia, e depois inserir o elástico através desse cós. Use cós e colchete de gancho de calça para um resultado mais profissional.

HOJE

Saia godê (Molly-Made, With Love).

Saias plissadas e pregueadas: décadas de 1950 e 1960

NO PASSADO

Saias plissadas e pregueadas podem incluir pregas de vários tipos (conforme descrito abaixo) para adicionar volume a partir da cintura ou do quadril, ou para permitir liberdade de movimento na barra. Enquanto as saias com pregas, em particular, eram vistas nos anos 1930, as saias pregueadas tornaram-se populares na década de 1950, complementando o traje de alfaiataria da época. Particularmente, essas saias eram condizentes com o estilo *preppy*, que favorecia o asseio e a aparência, e as pregas ordenadas eram colocadas a partir da altura do quadril e usadas com blusas justas de manga curta. Um exemplo famoso do estilo de saia pregueada é o uniforme de líder de torcida, que foi desenvolvido em 1960, com sua saia curta pregueada de algodão, que facilitava o movimento.

Existem vários tipos de pregas que podem ser usados para enfeitar uma saia. O plissado acordeão é uma série de pregas paralelas e estreitas com espaços uniformes entre elas; a prega macho é formada por duas pregas com o tecido dobrado para baixo em cada um dos lados; a prega faca é formada por pregas estreitas bem marcadas, geralmente em série dobradas na mesma direção; a prega fêmea consiste em pregas macho invertidas, com a dobra lisa para dentro; e a prega pontapé consiste em pregas invertidas posicionadas para cima da bainha na parte de trás de uma saia estreita, o que fornece liberdade para andar.

QUEM: Não se tem informação (embora Miuccia Prada tenha recebido os créditos pelo recente ressurgimento das saias plissadas).

POR QUÊ: As saias pregueadas adicionam volume (partindo da cintura ou dos quadris) e permitem uma maior liberdade de movimento, o que as torna femininas e ao mesmo tempo adequadas para atividades como tênis e animação de torcida.

VARIAÇÕES: Existem diversas variações de acordo com o tipo de prega, como o plissado, prega faca, prega macho ou fêmea, prega invertida e prega pontapé.

ESTILOS SEMELHANTES: Vestido de baile, pág. 26.

MODELAGENS PARA COMBINAR: Vestido de baile, pág. 26; saia de pregas, pág. 66.

HOJE — Saia mídi plissada (House of Fraser).

HOJE — Saia longa plissada (Goldie London).

Estilos e usos, no passado e hoje

TECIDO
No passado: Nos anos 1950, as saias pregueadas eram normalmente feitas de poliéster. Lã ou acrílicos sintéticos também eram usados.

Hoje: As saias pregueadas estão disponíveis em uma grande variedade de tecidos, desde o algodão até o couro. Os modelos pregueados populares disponíveis hoje são normalmente feitos com tecidos mais leves, como georgette e poliéster, alcançando um efeito feminino e "esvoaçante", que ajuda a evitar o volume ao redor dos quadris.

COMPRIMENTO
No passado: Na década de 1950, o comprimento ia até o joelho ou logo abaixo dele. As saias pregueadas de líderes de torcida dos anos 1960 tinham comprimento no joelho ou logo acima.

Hoje: As saias pregueadas estão disponíveis em variados comprimentos atualmente, indo do meio da coxa até o tornozelo, embora a maior parte tenda a ter comprimento no joelho ou no meio da panturrilha. Outro modelo popular é a saia em duas camadas com comprimento no tornozelo, com uma saia curta e reta por baixo e uma camada de chiffon pregueado por cima.

ESTILO
No passado: Usada como parte do traje adolescente estilo *preppy* dos anos 1950, as saias tinham comprimento no joelho e pregas ordenadas.

Hoje: Os estilos atuais são normalmente mais esvoaçantes e com comprimentos variados. Em geral, possuem diferentes camadas e tecidos.

CORES
No passado: As saias pregueadas dos anos 1950 eram encontradas em uma variedade de cores fortes ou em padronagem xadrez.

Hoje: As saias pregueadas atuais estão disponíveis em uma grande variedade de cores e estampas, apesar de as cores primárias funcionarem melhor quando se trata de pregas.

COMBINAÇÕES POSSÍVEIS
No passado: Nas décadas de 1950 e 1960, as saias pregueadas eram combinadas com blusas de seda chiques para ambientes de trabalho e suéteres simples e folgados para um look mais casual.

Hoje: O uso de pregas pode adicionar volume, por isso escolha uma blusa que siga as curvas do corpo com uma modelagem levemente ajustada – de modo que faça um contraste com o volume da saia. A maior parte das blusas fica adequada com saias pregueadas, mas cuidado para não exagerar nas estampas. Acessórios que adicionam volume e acentuam as pregas incluem colares, brincos grandes e chamativos ou pulseira larga. As saias pregueadas também podem ser lindamente combinadas com salto alto ou plataforma com tiras e carteira.

DICAS DE COSTURA
- Não corte o tecido longitudinalmente, caso contrário o drapeado não ficará bom; sempre corte o tecido horizontal ou transversalmente (enviesado) ao fio reto.
- É difícil fazer a bainha de uma saia pregueada se as pregas já tiverem sido feitas – faça a barra assim que as partes da saia forem unidas nas costuras laterais, antes de preguear.

Saia mídi pregueada (Viyella).

Minissaia plissada (Olive Boutique).

Saia de pregas: década de 1950

ESPECIFICAÇÃO DA PEÇA

Esta saia simples e justa tem três pregas pontapé, feitas em cada uma das três partes da saia para criar um efeito evasê e facilitar o movimento na bainha. Este modelo é particularmente adequado para lãs, mas pode ser feito com a maioria dos tecidos de peso médio.

Tamanhos	P (cm)	M (cm)	G (cm)	GG (cm)
Cintura (na linha de costura)	63,6	68,6	73,6	78,6
Quadril (18 cm abaixo da cintura)	90	95	100	105
Largura da saia (na altura da bainha)	101,3	101,6	101,9	102,2
Centro-costas (da cintura até a barra)	63,9	64,5	65,1	65,7
Largura do cós	3	3	3	3

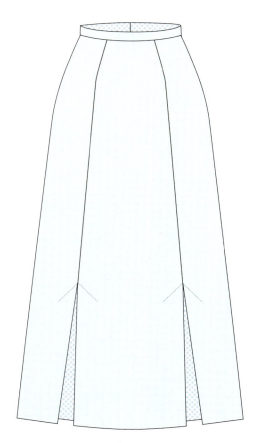

Frente

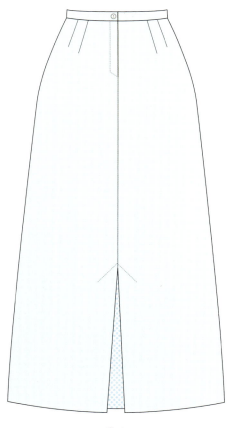

Costas

CAPÍTULO 3: SAIAS

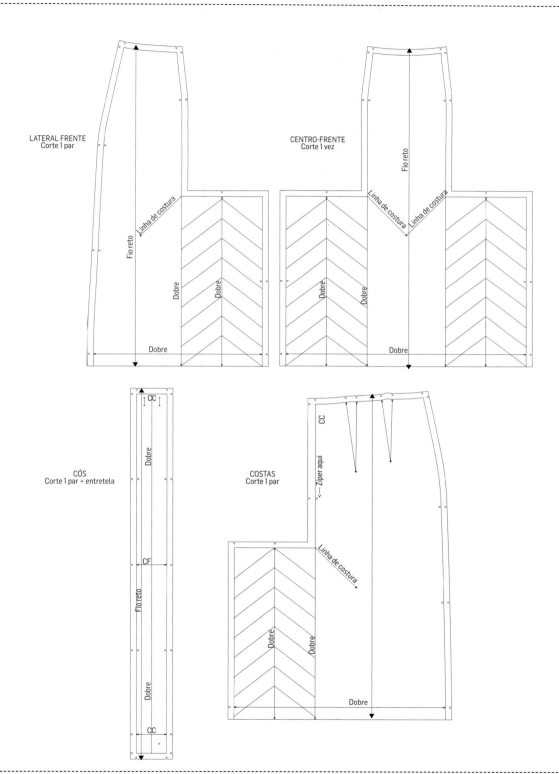

INSTRUÇÕES PARA A MONTAGEM

(1) Primeiro, prepare o cós. Fusione a entretela ao cós e ajuste a máquina em seu maior ponto de costura, a fim de completar a costura de alinhavo (a 1,2 cm da borda longa). Antes de continuar, ajuste a máquina no seu ponto de costura usual. Dobre o cós ao meio e costure ao longo da borda curta. Costure unindo a parte de cima à de baixo ao longo da borda curta, gire na borda e costure em direção à marcação do centro-costas. Refile a margem da costura próximo à linha de costura. Faça um pique a 45° e vire o cós para o lado direito, passe a ferro e deixe de lado. **(2)** Com direito sobre direito, coloque a parte da lateral frente sobre o centro-frente. Usando uma margem de costura de 1,2 cm, costure à máquina a partir da linha da cintura até a marcação do início da prega; faça um retrocesso para reforçar. Novamente, usando uma margem de costura de 1,2 cm, costure desde o topo da prega até a barra. Repita do outro lado. **(3)** Passe a ferro, abrindo as margens de costura e colocando as pregas na posição. **(4)** Desvire a peça e pesponte as pregas. **(5)** Costure as pences traseiras e passe a ferro, levando o excesso de pregas em direção às costuras laterais. **(6)** Com uma margem de costura de 1,5 cm, faça à máquina a costura central traseira, desde a parte de baixo da abertura do zíper até a marcação do início da prega. Costure a partir do topo da prega até a barra, com uma margem de costura de 1,2 cm.

▶ DICA PARA A MODELAGEM

Esta peça pode representar diversas épocas: deixe mais comprida para um visual anos 1930 ou encurte para um estilo anos 1960.

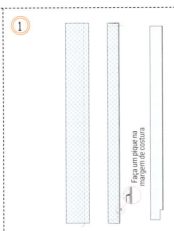
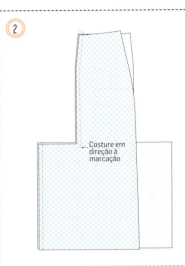
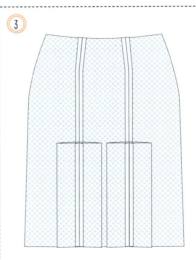

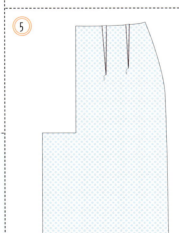
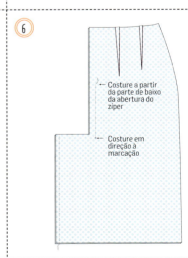

(7) Passe a ferro, abrindo as margens de costura e colocando a prega na posição. Pregue o zíper, usando o método de zíper invisível descrito na página 176. Faça um pesponto na prega. **(8)** Coloque direito sobre direito e, com uma margem de costura de 1,2 cm, faça à máquina as costuras laterais. **(9)** Desvire a peça e coloque o cós na borda da cintura, com direito sobre direito. Costure à saia apenas a parte do cós que não foi alinhavada à máquina. **(10)** Dobre o cós na posição e passe a ferro, levando as margens de costura para cima, em direção ao cós. Usando a linha de alinhavo feita à máquina como guia, dobre a borda solta do cós para cobrir a margem de costura e faça um pesponto próximo à borda da costura ou um ponto invisível na posição. Costure um botão na parte de baixo do cós e faça a casa do botão na parte de cima. Faça a bainha para finalizar.

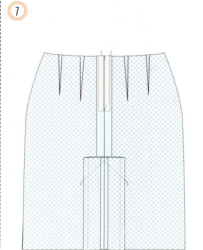

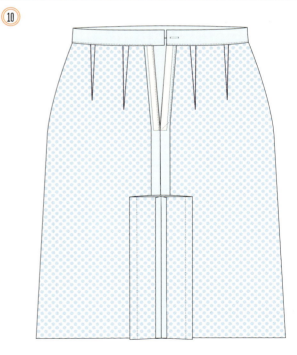

Saia godê: *década de 1950*

INSTRUÇÕES PARA O DESENHO
Para fazer um círculo de tecido, é preciso primeiro saber qual é o raio da abertura da cintura. Use o seguinte cálculo: raio = circunferência ÷ 6,28.

A medida da cintura fornece a circunferência interna necessária para fazer a saia godê, embora seja melhor reduzir essa medida em 5 cm, pois deve-se levar em consideração a elasticidade natural do tecido, uma vez que o tecido estica no corte enviesado.

As ilustrações abaixo mostram como desenhar saias godê e meio-godê. O primeiro passo é calcular o raio. Para uma saia meio-godê, a até b = raio x 2; para uma saia godê, a até b = raio. Em seguida, faça um quadrado partindo do ponto a, desenhe um quarto de círculo para ligar os dois pontos b, depois desenhe mais um quarto de círculo de c até c. O comprimento desejado para a saia = b até c.

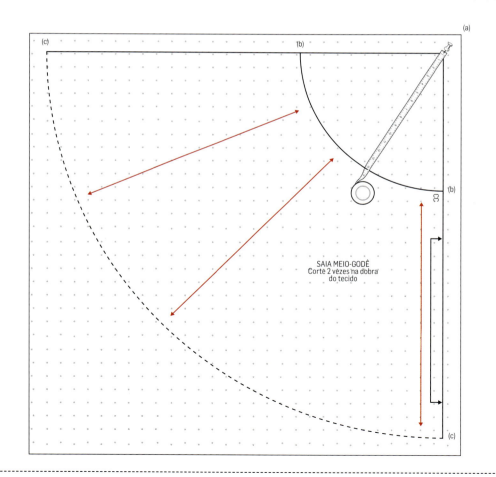

CC: centro-costas

CAPÍTULO 3: SAIAS

Para uma saia godê franzida, duplique a medida da cintura (menos 5 cm) para calcular o raio e fazer uma seção circular. Lembre-se que, para fazer a modelagem do círculo completo, este molde deve ser cortado 4 vezes, e para não ter costura na frente da saia, corte uma das vezes na dobra do tecido, assim duas delas já sairão juntas. Se quiser usar um zíper na lateral, pode-se cortar ambas na dobra do tecido.

Para um círculo e meio, divida a medida da cintura (menos 5 cm) por 1,5. Use 1 para calcular o raio da cintura de um círculo completo e o 0,5 restante para o cálculo do raio do meio círculo adicional.

 DICA PARA A MODELAGEM
Variar a direção do fio reto do tecido em peças circulares pode fornecer vários resultados, dependendo do tecido que você usar. Experimente com diferentes opções.

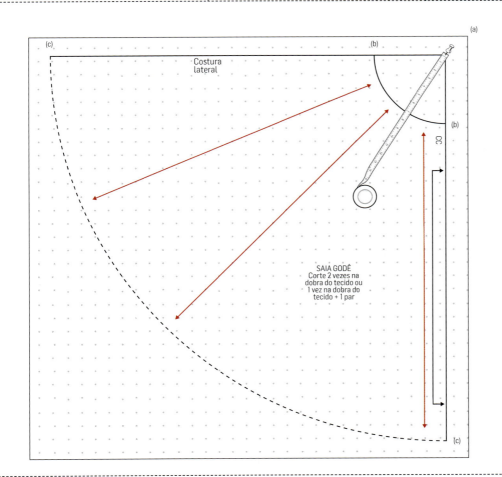

SAIA GODÊ
Corte 2 vezes na dobra do tecido ou 1 vez na dobra do tecido + 1 par

CC: centro-costas

INSTRUÇÕES PARA A MONTAGEM

(1) Desenhe a sua modelagem circular e adicione uma margem de 1,2 cm às costuras laterais e linha da cintura. Observe que não será necessária uma margem de costura na borda central dianteira se você criar uma saia com duas partes, cortando na dobra, mas será necessário adicionar uma margem de costura ao redor na barra. O tamanho dessa margem depende do acabamento desejado: uma costura arrematada (overloque ou zigue-zague) requer apenas 1 cm, enquanto uma bainha dupla precisa de até 2,5 cm. **(2)** Desenhe o cós. Faça um retângulo do tamanho exato da medida da cintura; a largura deve ser o dobro da largura do cós finalizado, geralmente entre 2,5 e 8 cm. Marque o centro-costas, o centro-frente e as costuras laterais com piques, e a linha da dobra com uma linha pontilhada. Adicione mais 4 cm em uma das pontas no sentido do comprimento, 1,2 cm de margem de costura em toda a volta e marque a posição da casa e do botão. Corte o tecido usando este molde como modelo, adicionando entretela, se necessário. **(3)** Com direito sobre direito, faça as costuras laterais e passe a ferro, abrindo as margens de costura. Repita o procedimento nas outras partes, se necessário. **(4)** Faça a costura do centro-frente (se o tecido não tiver sido cortado na dobra). Faça a costura do centro-costas até a parte de baixo da abertura do zíper, ajuste o ponto da máquina para o maior possível e faça uma costura de alinhavo à máquina, até o cós. **(5)** Passe a ferro, abrindo as margens de costura, e insira o zíper. Vire a peça para o lado direito e coloque o cós (ver pág. 69). Pode-se também finalizar o cós internamente com viés ou com costura arrematada na borda (overloque ou zigue-zague). A bainha ainda deve ser feita. Deixe a saia pendurada durante a noite antes de finalizá-la. Isso possibilita que o tecido relaxe, e pode ser necessário refilar a borda da bainha antes de ajustá-la*. Se tiver sido usada uma margem de costura de 2,5 cm, use uma costura de franzido a 6 mm da borda e ajuste para reduzir a medida da bainha, de modo que ela tenha a mesma medida da saia, antes de costurar a barra.

---

* Nota de R.T.: Esse procedimento é importante, visto que a saia godê, por ser um círculo, apresenta o tecido em todas as posições de fio reto, e eles têm comportamentos diferentes nos diferentes sentidos.

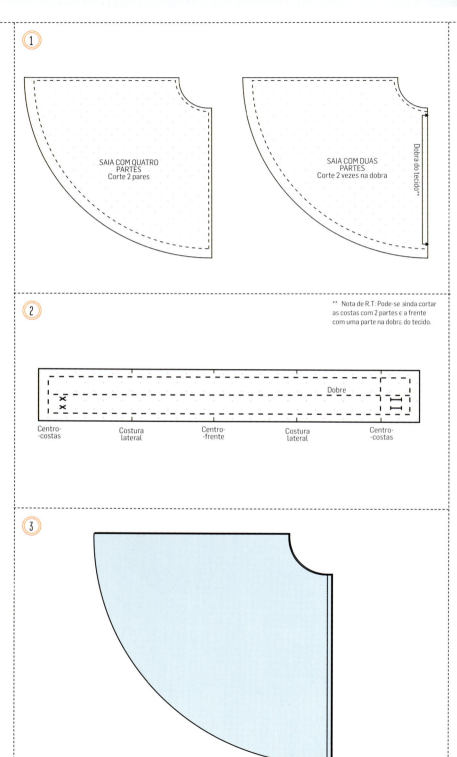

** Nota de R.T.: Pode-se ainda cortar as costas com 2 partes e a frente com uma parte na dobra do tecido.

CAPÍTULO 3: SAIAS 73

④
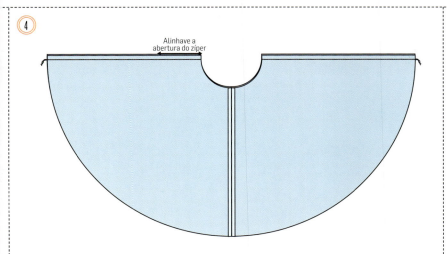
Alinhave a abertura do zíper

⑤

SAIAS POODLE

Saias godê de uma única cor vibrante, geralmente com aplique de desenho, tornaram-se um símbolo da juventude nos anos 1950. Eram comumente chamadas de saias poodle, em referência à imagem de um cachorro poodle nesse tipo de saia, muito popular na época. Aqui estão apresentadas 3 aplicações que podem ser usadas em sua saia. Os desenhos podem ser aplicados à máquina com um ponto reto ou uma costura na borda, como um ponto caseado.

CAPÍTULO 4
Calças e shorts

Nas primeiras décadas do século XX, era quase impensável ver mulheres respeitáveis usando calça, apesar de as mulheres da classe operária ocasionalmente usarem calças masculinas para trabalhos pesados. As calças foram ficando gradualmente mais comuns para mulheres a partir de 1930, em particular quando as mulheres ricas passaram a usar elegantes calças de alfaiataria durante os momentos de lazer, usando-as como roupas esportivas ou traje de banho. As mulheres começaram a usar shorts e calças em trajes mais casuais em atividades esportivas e de lazer, como jardinagem, a partir de 1940, mas as saias e vestidos dominaram o guarda-roupa das mulheres até os anos 1970. Essa década viu as mulheres adotarem uma série de estilos com jeans, desde calça boca de sino a *hotpants*, enquanto calças longas sequinhas eram uma opção elegante para trajes de noite. Calças e shorts são hoje elementos essenciais em muitos guarda-roupas femininos, sendo o jeans uma peça básica de trajes casuais, e o terninho o vestuário principal de muitas mulheres no ambiente profissional.

Macaquinho com estampa floral (Warehouse).

VISÃO GERAL DOS ESTILOS

Roupas esportivas e casuais: década de 1930 em diante 76
Macaquinho: décadas de 1930 e 1970 78
Jeans: década de 1950 em diante 80

MODELAGEM

Calça pantalona: décadas de 1930, 1960 e 1970 82

Roupas esportivas e casuais: *década de 1930 em diante*

NO PASSADO

No fim dos anos 1920, Chanel foi a primeira designer a mostrar vestuários esportivos em um cenário contemporâneo. Durante os anos 1930, a beleza passou a ter uma relação intrínseca com a saúde. Clubes esportivos, parques e academias de ginástica foram criados para melhorar o corpo e a alma.

Na Grã-Betanha, a Women's League of Health and Beauty, fundada em 1930 por Prunella Stack, organizou aulas de ginástica em massa em grandes espaços públicos, e organizações similares foram fundadas em outros países. O uso de shorts começou a ser aceitável para mulheres esportistas, e meia soquete era às vezes usada no lugar de meia três-quartos. A cintura alta era vista em quadras de tênis, e shorts de pregas tornaram-se populares. O fim dos anos 1930 e início dos anos 1940 viram trajes de ciclismo que incluíam saia-calça de alfaiataria com comprimento no joelho.

No início do século XX, não era importante que as mulheres vencessem em esportes competitivos, e por isso as roupas não eram feitas para favorecer o movimento que permitiria que elas atingissem sucesso. Hoje, as roupas esportivas foram adaptadas para atender às necessidades de mulheres ativas, e tecidos flexíveis e vestuários como leggings, shorts e calças de ioga tornaram-se populares para mulheres que fazem exercícios.

QUEM: Nessa época, a saúde e um estilo de vida de boa qualidade começaram a ter alta prioridade para muitas pessoas. Foi necessário criar novos modelos para atender novas atividades.

POR QUÊ: As mulheres começaram a buscar itens de vestuário que facilitassem o movimento. Calças e shorts passaram a ser o traje principal.

VARIAÇÕES: Calças largas e shorts às vezes tinham punho e vincos centrais. Saias curtas eram vistas em partidas de tênis, enquanto a saia-calça era usada para ciclismo.

ESTILOS SEMELHANTES: Calça pantalona (encurtada), pág. 82; caleçon, pág. 118.

MODELAGENS PARA COMBINAR: Saia de vestido de baile (encurtada), pág. 26.

HOJE

Vestido justo texturizado (Primark Netherlands).

HOJE

Calça com estampa asteca (New Look).

CAPÍTULO 4: CALÇAS E SHORTS 77

Estilos e usos, no passado e hoje

TECIDO

No passado: Trajes de tweed eram comumente usados em partidas de golfe. Nos anos 1930, o elastano passou a ser usado em áreas em que a flexibilidade era necessária. Fibras respiráveis, como algodão, eram também uma escolha prática.

Hoje: Raiom, viscose e algodão ainda são usados em shorts, enquanto a adição de elastano faz das leggings uma escolha popular para fazer exercícios. A importância do neoprene também tem aumentado depois que vários designers usaram o tecido nas passarelas.

ESTILO

No passado: Usados apenas por mulheres que faziam esportes, os shorts e as calças podiam às vezes ser considerados controversos.

Hoje: Shorts de alfaiataria são mais do que aceitáveis em trajes casuais tanto para o dia quanto para a noite, e normalmente o modelo é usado com vincos e cintos.

CORES

No passado: Em 1932, a campeã de tênis Alice Marble causou comoção ao usar um shorts branco durante partidas de tênis. Verde e azul-marinho foram outras cores populares nos vestuários esportivos.

Hoje: Uma variedade de cores é usada hoje em dia, e os limites são aparentemente inexistentes. Tons brilhantes e neon são usados com frequência, enquanto o branco é ainda tradicionalmente usado no tênis, sendo a cor estipulada aos competidores do torneio de Wimbledon.

COMBINAÇÕES POSSÍVEIS

No passado: Shorts e calças normalmente faziam parte de um conjunto que incluía uma jaqueta estilo bolero e um cinto de couro largo. Saltos baixos e grossos eram usados nos pés, e blusas de algodão eram usadas para jogar tênis.

Hoje: Tops curtos e sutiãs esportivos são usados na academia de ginástica, e tênis específicos para esporte podem ser usados. O shorts é normalmente combinado com uma blusa estilo bata para dar um ar de elegância informal.

HOJE

Shorts com cordão no cós (Fat Face).

HOJE

Calça casual (River Island).

DICAS DE COSTURA

- Para evitar saliências ou furos em tecidos de jérsei, use uma agulha de ponta-bola. Elas são arredondadas na ponta, o que lhes permite costurar através dos fios de um tecido de malha sem rompê-los.
- Costure um tecido com elastano à máquina com um ponto zigue-zague mais solto. Isso adicionará elasticidade às costuras e evitará que se rompam quando a peça for vestida.
- Use uma entretela com elasticidade para fornecer estrutura aos revéis ou golas e uma fita de algodão ou um viés termocolante para evitar o alargamento em áreas problemáticas, como ombros e decotes.

Macaquinho: décadas de 1930 e 1970

NO PASSADO

No fim dos anos 1920 e início dos anos 1930, uma espécie de pijama de praia começou a se tornar popular como saída de banho por cima de maiôs, normalmente como um conjunto de duas peças — jaqueta e calça. Em meados da década de 1930, o tipo comum de pijama de praia era um estilo de uma única peça — macacão — cuja calça era ampla, em geral feito de crepe da China ou seda.

Uma variação dessa peça, comumente usada para esportes, era o macaquinho. Tratava-se de um macacão que combinava shorts e blusa e que costumava vir com uma saia removível para ser usada em público por cima do shorts.

Nos anos 1970, o pijama de praia ressurgiu como o macacão. Feito em tecidos drapeados elegantes, como o cetim e o jérsei, era um glamoroso traje para a noite. Atualmente, macacões e macaquinhos modernos são em geral feitos com tecidos com elastano, como jérsei e Lycra®. Eles raramente vêm com uma saia removível e são considerados um traje aceitável tanto para o dia quanto para a noite.

QUEM: Coco Chanel criou pijamas de praia como parte do traje praiano da Riviera francesa.

POR QUÊ: Um estilo glamoroso, mas prático.

VARIAÇÕES: Jardineiras.

ESTILOS SEMELHANTES: Roupas esportivas e casuais, pág. 76.

MODELAGENS PARA COMBINAR: Combinação dos anos 1920; pág. 114; calečon, pág. 118.

HOJE

Macaquinho (Sugar Hill Boutique).

HOJE

Macaquinho (Trackstar Limited. Marks & Spencer).

CAPÍTULO 4: CALÇAS E SHORTS

Estilos e usos, no passado e hoje

TECIDO
No passado: Feitos em seda ou em novos materiais sintéticos, como crepe da China, ou ocasionalmente tecido atoalhado, no caso de traje de banho. Os macaquinhos eram geralmente feitos com algodão ou raiom.

Hoje: Tecidos *stretch*, como jérsei, ou tecidos que contêm elastano são populares em razão da facilidade de movimento e conforto.

COMPRIMENTO
No passado: Os pijamas de praia geralmente consistiam em calças longas, enquanto macaquinhos mais curtos costumavam vir com uma saia removível de comprimento no joelho, para um estilo mais recatado.

Hoje: Os macaquinhos podem ser bem curtos.

ESTILO
No passado: Pijamas de praia e macaquinhos em geral vinham em conjuntos de duas peças caracterizados por uma calça ou macacão e uma jaqueta combinando, ou um macaquinho com uma saia combinando. Eram usados somente para esportes ou momentos de lazer.

Hoje: Macacões em tecidos drapeados são em geral usados como uma alternativa para vestidos de noite, ao passo que macaquinhos mais curtos são populares como trajes para o dia durante o verão.

CORES
No passado: O estilo Art Déco popular nos anos 1930 significava que modelagens geométricas e cores brilhantes eram comuns. Modelos chineses e japoneses eram também usados e considerados muito exóticos.

Hoje: O preto é uma cor popular por ser considerado emagrecedor, ainda mais em um traje com estilo tão revelador. Para o dia, estampas florais são mais comuns, mas as mais ousadas podem usar cores brilhantes ou metálicas para criar um look de destaque para a noite.

COMBINAÇÕES POSSÍVEIS
No passado: Visto que ambos os estilos foram criados como vestuário esportivo ou casual, eles eram usados por cima de maiôs e combinados frequentemente com sapatos ou sandálias de salto baixo ou sem salto, adequados para a praia ou para fazer exercícios.

Hoje: O macacão pode ser extralongo para cobrir o salto alto, criando uma silhueta elegante e alongada para a noite. O macaquinho pode ser usado com salto baixo para um estilo mais casual de dia ou com salto alto para um look mais elegante para a noite.

DICAS DE COSTURA
- Faça um cós com cordão ou elástico para dar um toque descontraído a um macacão. Caso o modelo não tenha costura na cintura para inserção do cordão ou elástico, use uma tira enviesada de tecido para criar um passador. Essa tira pode ser usada dentro ou fora da peça.
- Se você estiver usando um cós com cordão na parte de dentro da peça, crie aberturas como casa de botão, de modo que o cordão possa ser inserido e amarrado pelo lado direito.

HOJE

Macacão Kiku (Phase Eight).

Jeans: década de 1950 em diante

NO PASSADO

O jeans tem uma história longa. Onde e como exatamente a tendência começou ainda é motivo de debate, mas o jeans é indiscutivelmente uma parte da moda do dia a dia e tem sido assim há décadas.

O tecido usado para fazer o jeans chama-se denim. A maioria das fontes sugere que a palavra "denim" deriva da tradução em inglês da cidade francesa Nîmes e do tecido de sarja resistente produzido por lá. Originalmente chamado de *serge de Nîmes*, acabou se transformando em denim. Tratava-se de um tecido resistente, ideal para produzir peças adequadas para trabalhos pesados.

A companhia Levi Strauss ficou conhecida pela invenção do jeans, e nos anos 1950 muitos trabalhadores preferiam usar o jeans Levi em vez do macacão para trabalhar. Marcas como Lee Cooper e Wrangler também tornaram-se famosas, com cada marca conhecida por seu corte particular. Na década de 1950, os adolescentes começaram a adotar o jeans como item de moda. No fim dos anos 1960 e início dos anos 1970, o jeans azul havia se tornado um uniforme universal de adolescentes e jovens adultos. Hoje, o jeans ainda é uma parte essencial do guarda-roupa feminino e masculino, sendo usado por pessoas de todas as idades.

QUEM: Nos anos 1970, o jeans era uma peça fundamental para quase todos os adolescentes e jovens adultos.

POR QUÊ: A produção em massa dos modelos ocorreu nessa época, e grifes cobiçadas foram sendo mais requisitadas.

VARIAÇÕES: Shorts Daisy Duke, jaquetas jeans, saias jeans e uma variedade de cortes em jeans eram feitos e usados.

ESTILOS SEMELHANTES: Calça pantalona, pág. 82.

MODELAGENS PARA COMBINAR: Blusa, pág. 54; combinação dos anos 1920 (versão camisola), pág. 114; combinação dos anos 1940 (versão camisola), pág. 120.

HOJE

Jeans desgastado (Warehouse).

HOJE

Jeans índigo tradicional (Apricot).

CAPÍTULO 4: CALÇAS E SHORTS

Estilos e usos, no passado e hoje

TECIDO
No passado: O jeans era feito de sarja de algodão resistente, tecida a partir de fios brancos e azuis. Os anos 1970 introduziram o efeito de pré-lavagem, que levou ao surgimento de diferentes estilos de jeans.

Hoje: As mesmas técnicas básicas para tecer o jeans ainda existem, embora existam várias formas de tratar o jeans para obter uma variedade de modelos. Pode-se adicionar elastano para dar elasticidade ao jeans. O jeans orgânico está cada vez mais disponível por causa do aumento da produção de algodão orgânico.

COMPRIMENTO
No passado: O comprimento da calça jeans nos anos 1970 era em geral longo, de acordo com a silhueta alongada típica da década. Os modelos costumavam ser tão longos que tocavam o chão.

Hoje: Disponíveis em vários comprimentos, atualmente tem aumentado a popularidade de modelos curtos, juntamente com estilos de barra dobrada.

ESTILO
No passado: Usado por jovens em shows de rock e para o dia a dia, o jeans se tornou o uniforme de pessoas descoladas.

Hoje: Usado por pessoas de todas as idades, o jeans é o estilo básico em looks casuais para o dia. Também podem ser usados formalmente à noite, e a variedade dos cortes significa que há modelos apropriados para diversas ocasiões.

CORES
No passado: O índigo era a cor usada pela maior parte das pessoas, com o azul mais claro sendo popular nos estilos boca de sino dos anos 1970.

Hoje: O jeans ainda é tradicionalmente azul, embora tendências recentes mostrem mulheres usando tons brilhantes e vibrantes, bem como versões em preto e cinza.

COMBINAÇÕES POSSÍVEIS
No passado: Usado com jaquetas longas, camisetas de banda, blusas que deixam a barriga à mostra e salto plataforma, o jeans combinava perfeitamente com a natureza despreocupada dos anos 1970.

Hoje: Usado com bota, sandália, salto alto, blusas justas, jaquetas de couro e camisas, o jeans é uma escolha tão versátil para o dia e para a noite que pode ser combinado com quase tudo.

DICAS DE COSTURA
- Use uma linha de pesponto grossa em uma cor contrastante para fazer uma costura decorativa.
- Use uma agulha de máquina própria para jeans para reduzir a quantidade de pontos pulados.
- Para desgastar o jeans e dar uma aparência vintage natural, use uma lixa.

Jeans boca de sino (MiH).

Calça pantalona: *décadas de 1930, 1960 e 1970*

ESPECIFICAÇÃO DA PEÇA
Esta calça pantalona reflete tanto o estilo casual dos anos 1930 quanto o estilo *flare* dos anos 1960 e 1970, dependendo da escolha do tecido. Adequado para vários tecidos.

VARIAÇÕES DE ESTILO
Pode-se adicionar um cós reto a este modelo. Basta medir a cintura e criar um retângulo usando essa medida mais o dobro da altura desejada. Pode-se também inserir um bolso chapado (ver pág. 174).

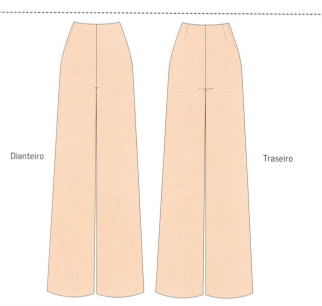

Tamanhos	P (cm)	M (cm)	G (cm)	GG (cm)
Cintura (na linha de costura da parte de cima)	64,2	69,2	74,2	79,2
Largura do cós	4	4	4	4
Quadril (10 cm abaixo do cós na costura lateral)	84	89	94	99
Quadril (22 cm abaixo do cós na costura lateral)	96,6	101,6	106,6	111,6
Coxa	66,4	68,9	71,4	73,9
Boca	68,9	70,5	72,1	73,7
Entrepernas	75,7	75,7	75,7	75,7
Lateral (incluindo o cós)	108,2	108,9	109,6	110,3
Gancho dianteiro	29,9	30,7	31,5	32,3
Gancho traseiro	36,3	37,1	37,9	38,7

CAPÍTULO 4: CALÇAS E SHORTS

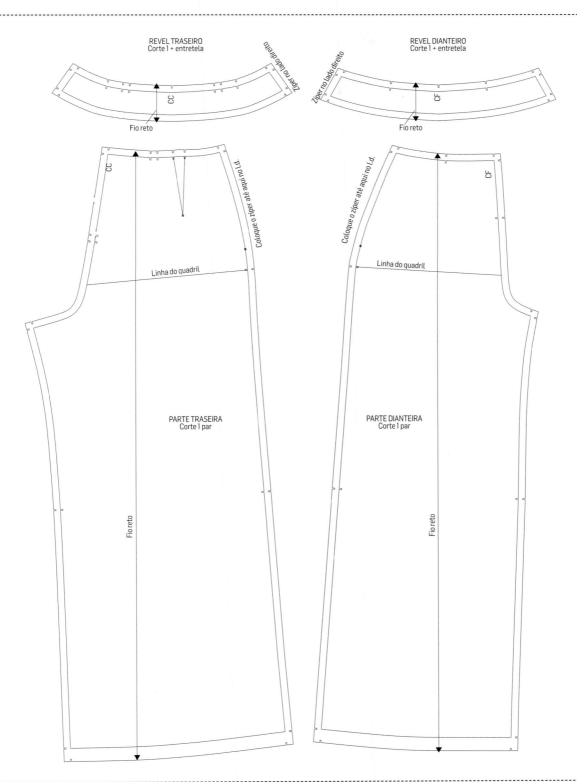

CC: centro-costas   CF: centro-frente   l.d.: lado direito

INSTRUÇÕES PARA A MONTAGEM

(1) Prepare o revel fusionando a entetela. Com direito sobre direito, costure o lado esquerdo do revel, deixando o lado direito aberto para inserir o zíper. Faça o acabamento da borda inferior com uma dobra única de 12 mm e reserve. **(2)** Costure as pences na parte de trás da cintura e passe a ferro, tombando-as em direção à costura lateral. **(3)** Com direito sobre direito, costure as partes dianteira e traseira juntas na lateral esquerda. Na lateral direita, ajuste a máquina em seu maior ponto e costure a partir da cintura até o ponto de inserção do zíper. Ajuste a máquina no seu tamanho de ponto usual, faça um retrocesso para reforçar a abertura e costure em direção à barra. Passe a ferro, abrindo as margens de costura. **(4)** Com direito sobre direito, costure o entrepernas e passe a ferro, abrindo as margens de costura. **(5)** Vire uma perna para o lado direito e coloque por dentro da outra perna. Certifique-se de que os lados direitos estejam juntos e costure os ganchos dianteiro e traseiro de uma só vez. **(6)** Insira o zíper no lado direito, usando o método de zíper invisível (ver pág. 176). Vire a calça para o lado direito e descosture o ponto de alinhavo para liberar a abertura. Com direito sobre direito, coloque o revel sobre a cintura e costure na posição correta. Faça um pesponto embutido somente sobre o revel e as margens de costura. **(7)** Passe a ferro o revel na posição correta, dobre-o e finalize-o com pontos à mão na direção do zíper (ver pág. 29 para mais detalhes). Faça a barra para finalizar.

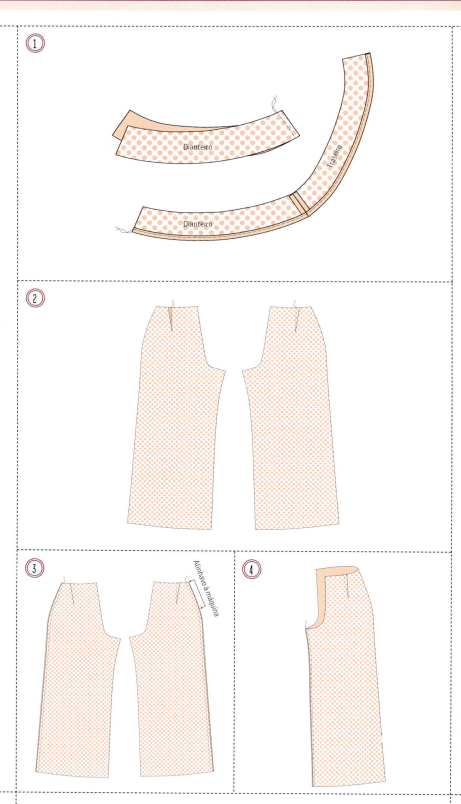

CAPÍTULO 4: CALÇAS E SHORTS   85

CAPÍTULO 5
Ternos e casacos

Os ternos femininos dos anos 1920 até os anos 1940 consistiam em um conjunto de jaqueta e saia. Essas peças tendiam a ser simples e funcionais em vez de chiques, feitas com tecidos resistentes e duradouros como sarja e tweed. Yves Saint Laurent fez pela primeira vez do terninho com calça uma opção elegante para trajes de noite femininos nos anos 1960 com o seu *smoking* chamado de "Le Smoking", e desde então os terninhos com calça, bem como os terninhos com saia tradicionais, foram adotados por muitas mulheres no ambiente profissional. Os casacos femininos foram influenciados pelos trajes masculinos, desde a parca adorada pelos "mods" da década de 1960 até as jaquetas *biker* de couro, que são sempre populares, e os casacos de lã pesados estilo militar, que são uma boa opção para os dias mais frios.

VISÃO GERAL DOS ESTILOS
O casaco utilitário: décadas de 1940 e 1950 — 88
A jaqueta utilitária: décadas de 1940 e 1950 — 90
A saia utilitária: décadas de 1940 e 1950 — 92
A jaqueta quimono: década de 1950 — 94

MODELAGENS
Jaqueta acinturada: décadas de 1930 e 1940 — 96
Jaqueta *boxy*: década de 1960 — 102

Casaco amarelo (Orla Kiely).

O casaco utilitário: décadas de 1940 e 1950

NO PASSADO

De acordo com as medidas de austeridade que surgiram durante a Segunda Guerra Mundial, as juntas comerciais do Reino Unido e dos Estados Unidos introduziram restrições para o uso de matéria-prima e trabalhos que afetassem a produção de roupas. Na Grã-Bretanha, o acesso às roupas era limitado, e os modelos aprovados pela austeridade eram produzidos com tecidos que causassem o mínimo desperdício possível.

Os melhores designers da época, como Edward Molyneux, Digby Morton, Hardy Amies e Peter Russell, ficaram responsáveis por criar um guarda-roupa para o ano todo que consistisse em um sobretudo, um terninho (com camisa ou blusa) e um vestido para o dia. Foram feitos moldes em tamanhos graduados de 32 desses modelos, os quais tornaram-se disponíveis para fabricantes por uma pequena taxa em outubro de 1942. A partir desse momento, as restrições de estilo foram transformadas de negativas em positivas, com foco no corte e na linha. Os modelos ficaram bem simples e modestos.

Detalhes de inspiração militar foram incorporados aos modelos, e cintos, bolsos de camisa, golas altas e golas pequenas eram usados em casacos utilitários. Esses detalhes ainda são populares nos dias de hoje, e casacos estilo militar com silhueta de ombros quadrados, dragonas e botões de metal com desenho em relevo são itens clássicos da moda.

QUEM: Diversas leis comerciais surgiram durante o tempo de guerra para evitar o desperdício de tecido. Os designers criaram coleções com peças-chave simples para que os fabricantes copiassem.

POR QUÊ: Os casacos utilitários eram simples, com detalhes de botões e cintos de amarrar, e tinham um toque militar. O corte que desperdiçava tecido era proibido, e foi introduzida uma lista de restrições, que incluía enfeites mínimos e limitações quanto ao número de botões e bolsos que uma peça poderia ter.

VARIAÇÕES: Casacos de abotoamentos simples e duplos mantinham as variações no mínimo possível. Cintos removíveis ofereciam uma marcação diferenciada na cintura.

ESTILOS SEMELHANTES: Jaqueta acinturada, pág. 96; jaqueta *boxy*, pág. 102.

MODELAGENS PARA COMBINAR: Saia de pregas, pág. 66; calça pantalona, pág. 82.

HOJE

Casaco Kala (Monsoon).

HOJE

Um toque contemporâneo em um look utilitário (Elégance).

CAPÍTULO 5: TERNOS E CASACOS

Estilos e usos, no passado e hoje

TECIDO
No passado: Resistente e subvalorizada, a lã era comumente usada para fazer casacos utilitários.

Hoje: Casacos de inspiração militar ainda são frequentemente feitos de lã, com tecidos sintéticos como viscose e poliéster sendo opções mais baratas. O cashmere pode ser adicionado em modelos mais caros.

COMPRIMENTO
No passado: Estilos com comprimento logo abaixo do joelho eram considerados modernos, modestos e funcionais. Estavam de acordo com o comprimento de saia mais comum da época.

Hoje: De modo geral, sobretudos utilitários ainda têm comprimento logo abaixo do joelho, embora haja uma grande variedade de comprimentos. Alguns casacos vão apenas até o quadril.

ESTILO
No passado: Casacos longos frequentemente tinham golas blazer e caíam reto até o chão com detalhes mínimos de pregas, em razão das restrições. Um detalhe adicional sutil era criado pelo design criativo e inserção de botões.

Hoje: Os casacos têm geralmente abotoamento duplo. Cintos afivelados e dragonas conferem um toque militar, enquanto o capuz pode ser adicionado para dar ao modelo um aspecto moderno.

CORES
No passado: Uma paleta sombria era usada durante os tempos de guerra: verde-militar, azul-marinho e marrom-claro. Essas cores basicamente faziam referência aos uniformes das forças armadas.

Hoje: A casa Balmain tornou-se conhecida por seus estilos utilitários, com cores marcantes como verde, marinho e vermelho. Os modelos geralmente têm botões em destaque e correntes, com a adição de adornos de paetê para um maior efeito.

COMBINAÇÕES POSSÍVEIS
No passado: Em conjunto com vestidos simples para o dia, meias de náilon, brincos de pressão e sapatos de couro com cadarços, o sobretudo foi duradouro e muito necessário nos meses frios de inverno.

Hoje: Jeans justos e botas com salto fino costumam ser usados com casacos militares. Esse traje alongado e fino equilibra a natureza pesada do casaco, o que favorece a silhueta.

DICAS DE COSTURA
- Verifique o tecido quanto ao encolhimento antes de cortar e costurar; tecidos com grande porcentagem de lã são mais suscetíveis a encolher durante a confecção – ao passar a ferro – e a lavagem.
- Destaque elementos de design como aberturas, golas e bolsos com pesponto.
- Use entretela termocolante de alfaiate de boa qualidade para os revéis, golas e bolsos, a fim de evitar que o tecido fique excessivamente rígido – o que pode prejudicar a aparência da peça acabada.

HOJE

Silhueta bem definida e ombros marcados dão um toque militar moderno (acervo pessoal).

A jaqueta utilitária: décadas de 1940 e 1950

NO PASSADO

A América dos tempos de guerra apresentou o plano de restrição L85 para roupas, que proibia elementos de design que usassem tecido extra como pala dupla, faixas, punhos dobrados e bolsos chapados. Com esse regulamento, juntamente com as restrições para o uso de matéria-prima e trabalho, a moda foi forçada a se tornar simples e funcional, como o vestuário utilitário introduzido na Grã-Bretanha.

As restrições da junta comercial britânica de 1941 asseguravam que bens de consumo de qualidade baixa a média fossem produzidos nos padrões mais altos possíveis com preços justos, de acordo com as restrições sobre matéria-prima e trabalho. Para economizar ainda mais os escassos recursos, foi aprovada em 1942 a ordem de restrição para confecção de roupas civis, que proibiu o corte que desperdiçasse tecido e estabeleceu uma lista de restrições de acordo com a qual costureiras, alfaiates e fabricantes eram obrigados a trabalhar.

Apesar das restrições, algumas roupas dos tempos de guerra ainda conseguiam ser elegantes. As mulheres serviam as forças auxiliares da Grã-Bretanha e dos Estados Unidos, e as norte-americanas tinham os uniformes mais glamorosos, muitos dos quais haviam sido criados pelos melhores talentos da moda. Mainbocher foi especialmente enaltecido por mesclar a funcionalidade com a feminilidade.

As jaquetas Eisenhower, um estilo de inspiração militar, tornaram-se populares durante esse período. Esse modelo era mais larguinho no peito e marcado na cintura com um cinto. Em geral adaptadas a partir de estilos masculinos tradicionais, essas jaquetas tinham um efeito quadrado (*boxy*). Essa característica ainda encontra-se presente em modelos de inspiração militar e utilitária da atualidade, com a cintura marcada fazendo alusão à silhueta dos anos 1950.

QUEM: As mulheres que serviam as forças auxiliares e todas aquelas que estavam seguindo as restrições de utilidade correspondentes a vestuários nos tempos de guerra.

POR QUÊ: Os modelos de jaqueta tinham de ser simples e modestos em razão das restrições estabelecidas em tempos de guerra para reduzir o desperdício de material e o tempo de trabalho.

VARIAÇÕES: Os estilos eram curtos e quadrados (*boxy*) ou longos e esguios, com ombros pronunciados e cintura marcada.

ESTILOS SEMELHANTES: Jaqueta acinturada, pág. 96; jaqueta *boxy*, pág. 102.

MODELAGENS PARA COMBINAR: Blusa, pág. 54; saia de pregas, pág. 66; calça pantalona, pág. 82.

HOJE

Jaqueta com detalhes utilitários (Oxfam Fashion).

CAPÍTULO 5: TERNOS E CASACOS — 91

Estilos e usos, no passado e hoje

TECIDO

No passado: Com a restrição de materiais, os tecidos usados eram simples, em geral algodão e lã.

Hoje: Fibras sintéticas são atualmente mais populares do que nunca, com o poliéster presente em diversos modelos.

COMPRIMENTO

No passado: A silhueta era estreita e ajustada, com ombros pronunciados e cintura marcada. A alternativa para o traje longo e ajustado era uma jaqueta *boxy* curta.

Hoje: As jaquetas de hoje costumam ir até o quadril, embora o estilo mais curto tenha ressurgido nos últimos anos.

ESTILO

No passado: Usadas por mulheres que eram normalmente recrutadas para assumir o cargo de homens que estavam longe de casa lutando, as jaquetas eram consideradas funcionais, elegantes e profissionais. Os botões despertavam a atenção, uma vez que os estilos de jaqueta costumavam ser extremamente simples.

Hoje: Os estilos militares de hoje normalmente têm abotoamento duplo com ênfase ainda nos botões. As lapelas são maiores do que costumavam ser, e voltaram os bolsos chapados.

CORES

No passado: Normalmente se usava uma paleta sombria para combinar com o estado de ânimo da época. Verde-militar, azul-marinho e marrom-claro eram tons comuns, embora cores mais vibrantes tenham sido reintroduzidas no início dos anos 1950.

Hoje: Com o fim das restrições dos tempos de guerra, as jaquetas utilitárias estão disponíveis em uma variedade de cores. Detalhes de botão ainda despertam o interesse, e embora o corte ainda seja simples, paetês e tons vibrantes e metálicos são hoje populares.

COMBINAÇÕES POSSÍVEIS

No passado: Combinado com saias do mesmo tecido, o traje era elegante e profissional, e não muito feminino. As mulheres costumavam usar as jaquetas utilitárias com saias-lápis, blusas simples, sapatos de salto baixo e vestidos para o dia.

Hoje: A jaqueta utilitária é usada hoje com o objetivo de dar mais elegância a um traje casual, sendo comumente combinada com jeans. O corte ainda é quadrado (*boxy*), enquanto estilos acinturados dão um efeito mais ajustado.

DICAS DE COSTURA

- Coloque os moldes sobre o tecido para analisar o posicionamento de determinado tecido da modelagem: encaixar uma listra ou xadrez (na junção das costuras) requer mais cuidado e mais tecido do que encaixar um tecido liso.

- Corte os moldes no tecido isoladamente, em vez de cortar na dobra ou em pares.

- Se a simetria for necessária, trace os elementos dominantes da modelagem no molde de papel para assegurar um encaixe preciso.

- Corte os bolsos em um fio enviesado e coloque a entretela para evitar que estique durante a costura.

HOJE

Jaqueta utilitária com gola blazer (ASOS).

A saia utilitária: décadas de 1940 e 1950

NO PASSADO

Durante a Segunda Guerra Mundial, tanto os Estados Unidos quanto o Reino Unido implementaram medidas de austeridade que incluíam restrições quanto ao uso de matéria-prima, a fim de evitar o desperdício de recursos escassos. Com relação às medidas que afetaram o vestuário, uma das estipulações era que as saias (entre outras peças) deveriam ser simples quanto ao modelo, sem detalhes excessivos e evitando o uso desnecessário de tecido.

Nos Estados Unidos, o Regulamento L85, aprovado em 1942, especificou as restrições quanto a todos os tipos de vestuário. No caso das saias, peças com saia rodada, como a saia camponesa estilo *dirndl*, eram proibidas; assim, as saias utilitárias aprovadas eram retas e sem detalhes na silhueta. Na Europa e na América, devastadas pela guerra, era aceitável que as mulheres vestissem calças para propósitos utilitários, no interior, na praia ou na forma de calças largas estilosas para a noite. Para outras ocasiões, a regra básica era: na dúvida, use uma saia.

A saia utilitária simples e minimalista gradualmente evoluiu para uma saia-lápis mais glamorosa; esta é ainda uma peça popular e elegante para mulheres, encorajando-as a exibir sua silhueta e a caminhar evidenciando o balanço dos quadris.

QUEM: Os designers da época ficaram encarregados de criar estilos simples e modestos que pudessem ser facilmente copiados.

POR QUÊ: As restrições de material e trabalho significavam que os modelos das saias tinham de ter mínimos detalhes, com foco no corte e na linha.

VARIAÇÕES: As saias eram retas, tinham pregas macho ou fêmea ou pregas pontapé, ou ainda um corte levemente evasê para facilitar o movimento.

ESTILOS SEMELHANTES: Jaqueta acinturada, pág. 96; jaqueta *boxy*, pág. 102.

MODELAGENS PARA COMBINAR: Blusa, pág. 54; saia de pregas, pág. 66; calça pantalona, pág. 82.

Saia trapézio (Hobbs).

Elegância moderna em uma saia utilitária (Dreamstime).

CAPÍTULO 5: TERNOS E CASACOS | 93

Estilos e usos, no passado e hoje

TECIDO

No passado: O algodão rústico produzido na América era usado em abundância pelos designers e fabricantes, muitos dos quais anteriormente importavam tecidos franceses.

Hoje: Toques modernos em estilos utilitários são vistos em uma grande variedade de tecidos. Nos últimos anos, o couro e a camurça têm sido escolhas populares.

COMPRIMENTO

No passado: As barras ficavam a cerca de 46 cm do chão – geralmente com o comprimento no joelho ou próximo a ele.

Hoje: Um comprimento de saia popular é normalmente logo acima do joelho. Estilos mais ajustados costumam ir até o meio da panturrilha.

ESTILO

No passado: As saias utilitárias tinham de ser funcionais, resistentes e versáteis. As linhas eram simples e regulares.

Hoje: As saias-lápis e estilos com pregas macho ou fêmea oferecem uma simplicidade elegante no cenário atual da moda. Podem ser usados em situações profissionais e para compromissos à noite.

CORES

No passado: O vermelho era uma cor comum nos vestuários utilitários aprovados, visto que as forças armadas exigiam tons marrons e verdes nos uniformes.

Hoje: Estilos utilitários simples normalmente têm cores lisas com mínimos detalhes. O azul turquesa é uma escolha popular.

COMBINAÇÕES POSSÍVEIS

No passado: Usadas com jaquetas de montagem simples com lapelas pequenas e golas blazer, meias de náilon (a seda era requisitada para a guerra), blusas chiques, sapatos de salto alto, penteados elaborados e maquiagem pesada.

Hoje: O efeito utilitário em saias significa que estilos ajustados são normalmente combinados com jaquetas *biker* e blusas bem largas para fazer um contraste. O tailleur ainda é uma escolha popular para as mulheres no ambiente profissional, uma vez que um traje considerado elegante e simples.

Saia reta (Hobbs).

Saia com pregas (Simply Be).

DICAS DE COSTURA

- Para uma variação fácil do modelo, divida a modelagem da saia-lápis em uma saia de recortes. Marque as linhas do recorte na modelagem existente e trace os recortes para fazer uma cópia. Adicione margem de costura onde for necessário.
- Considere variar a posição do fio reto dos moldes no tecido.
- Para fazer um modelo com rabo de peixe, adicione godês entre os recortes.

A jaqueta quimono: década de 1950

NO PASSADO

O quimono é um traje tradicional japonês, enquanto a jaqueta estilo quimono tornou-se um item popular e sofisticado, conforme interpretado pelos designers de moda do ocidente na década de 1950.

A adoção de estilos orientais na alta moda ocidental não é algo novo; a influência do vestuário asiático foi vista nos trabalhos de designers como Paul Poiret e, mais tarde, Yves Saint Laurent. O tradicional quimono japonês era usado por homens e mulheres, embora os modelos masculinos tendessem a ser menos elaborados. O quimono usado pelas mulheres podiam ser pesados e complexos e normalmente as mulheres precisavam de ajuda para vesti-los. A popularidade contínua do quimono é, em parte, devida aos belos modelos com ornamentos e com ricos bordados, feitos sobre materiais nobres, em particular sedas pesadas. Os modelos de quimono costumavam incluir motivos da natureza e eram usados na estação apropriada; por exemplo, um quimono com estampa de flor de cerejeira deveria ser usado na primavera.

Designers contemporâneos como Diane von Furstenberg, L'Wren Scott e Louis Vitton apresentaram em suas coleções trajes com influência do estilo oriental. A jaqueta estilo quimono, com mangas volumosas, é uma alternativa elegante para um cardigã ou uma jaqueta leve.

QUEM: As japonesas e aquelas que podiam pagar por modelos de luxo com inspiração oriental.

POR QUÊ: Os designers do ocidente começaram a olhar mais longe em busca de inspiração para a moda.

VARIAÇÕES: Quimonos formais eram usados para ocasiões especiais, como um casamento; estilos mais casuais em tecidos mais leves e simples eram usados em roupas do dia a dia.

ESTILOS SEMELHANTES: Jaqueta *boxy*, pág. 102.

MODELAGENS PARA COMBINAR: Calça pantalona, pág. 82.

HOJE

Quimono tulipa (Decades of Style Pattern Company – www.decadeofstyle.com).

HOJE

Quimono tradicional com faixa *obi* (Takayukiworld).

CAPÍTULO 5: TERNOS E CASACOS

Estilos e usos, no passado e hoje

TECIDOS
No passado: Feitas com seda, brocado de seda, crepe de seda e cetim para trajes de dia e noite. O bordado detalhado era também uma característica importante.

Hoje: A seda ainda é a escolha mais popular de tecido, embora os quimonos para trajes mais casuais estejam disponíveis em algodão e poliéster.

COMPRIMENTO
No passado: Quimonos tradicionais são peças longas e elaboradas em camadas, com mangas amplas.

Hoje: Os estilos tradicionais ainda são longos, enquanto estilos vistos em passarelas são geralmente mais curtos e mais fáceis de vestir. Hoje, a maioria dos japoneses que usa quimono escolhe o estilo mais simples conhecido como *yukata*. Este é um modelo mais casual, não tem forro e costuma ser feito com tecidos leves, como algodão.

ESTILO
No passado: Anunciando o exótico e o oriental, o quimono japonês estilo ocidental era mais curto e tinha mais um efeito de jaqueta leve.

Hoje: Os atuais quimonos da moda foram adaptados para trajes do dia a dia e casuais. Modelos japoneses tradicionais usados com acessórios como faixas *obi* ainda são uma parte muito significativa da cultura japonesa.

CORES
No passado: Os quimonos para ocasiões especiais eram itens caros feitos em sedas de cores vivas e brocados. Modelos de cor azul-bebê com bordados de ouro eram uma maneira chique de os designers adotarem o estilo.

Hoje: Os quimonos estão disponíveis em uma variedade de cores, com estilos estampados nas cores vermelha, roxa e branca sendo as escolhas populares mais recentes.

COMBINAÇÕES POSSÍVEIS
No passado: Usado no Japão com maquiagem e acessórios tradicionais, o estilo pode ser combinado apenas com outros modelos autênticos. Nos anos 1950, quando o estilo era visto em coleções de designers consagrados, costumava ser combinado com saia-lápis.

Hoje: Visto em uma série de cores e estilos, o quimono curto ocidental é hoje combinado com jeans e usado por cima de uma camiseta branca lisa.

HOJE

Quimono franjado (Internacionale).

HOJE

Quimono tropical (Alwear).

DICAS DE COSTURA
- Com qualquer tecido leve, use um estabilizador de tecido em *spray* ou faça um sanduíche com o tecido e papéis de molde ou de seda ao cortar.
- Costure a bainha e as bordas do corte com cuidado, para evitar que o tecido estique.
- Faça uma faixa *obi* acolchoada com uma entretela de feltro sem cola. Depois de virar, faça na faixa o autêntico matelassê adicionando linhas de pesponto espaçadas.

Jaqueta acinturada: décadas de 1930 e 1940

ESPECIFICAÇÃO DA PEÇA

Esta jaqueta possui gola virada, mangas ajustadas de duas partes e pode ser montada com ou sem forro. As instruções a seguir são para uma jaqueta sem forro com um acabamento interno arrematado. (Para o método do forro, ver a jaqueta *boxy* na pág. 102.) Adequada para uma grande variedade de tecidos de peso médio.

Tamanhos	P (cm)	M (cm)	G (cm)	GG (cm)
Busto (abaixo da cava)	89,6	94,6	99,6	104,6
Cintura (18 cm abaixo da cava)	68,6	73,6	78,6	83,6
Largura da jaqueta (na altura da bainha)	94,8	99,8	104,8	109,8
Ombros	11,9	12,2	12,5	12,8
Centro-costas à bainha	59,6	60,2	60,8	61,4
Decote costas (na linha de costura)	13,4	14	14,6	15,2
Altura da gola no centro-costas	8	8	8	8
Punho	21,2	22	22,8	23,6
Comprimento da manga	57,2	57,6	58	58,4

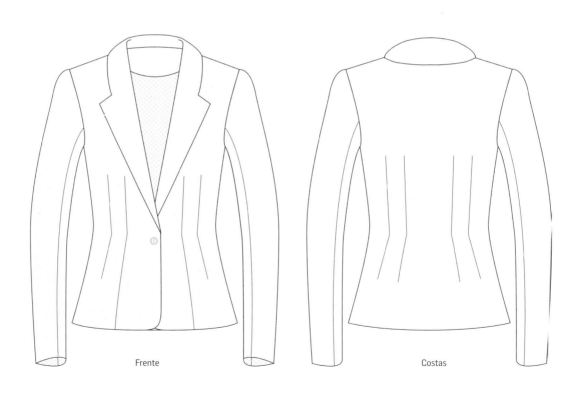

Frente   Costas

CAPÍTULO 5: TERNOS E CASACOS

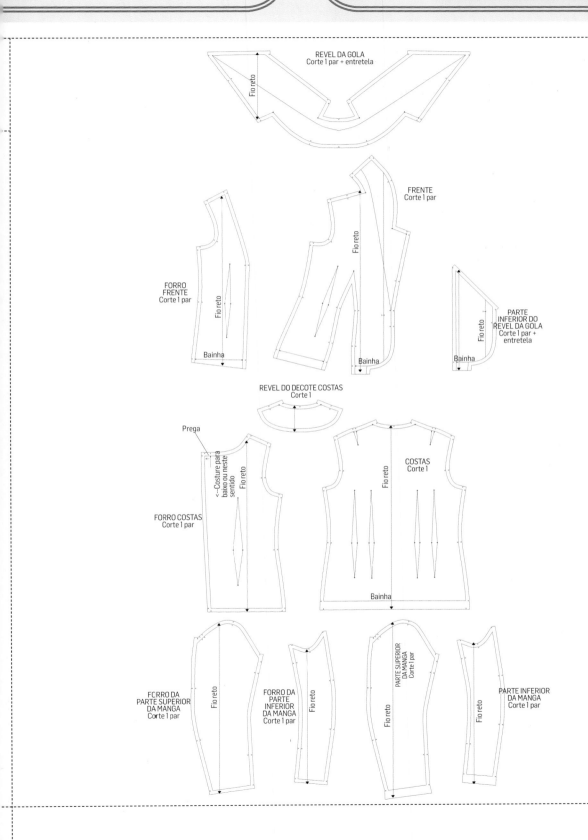

INSTRUÇÕES PARA A MONTAGEM

(1) Prepare o revel, fusionando a entretela. Com direito sobre direito, una o revel da parte inferior da gola ao revel da gola. Passe a ferro as margens de costura, abrindo-as. **(2)** Junte o revel do decote costas ao revel da gola. Com direito sobre direito, costure até a marcação; certifique-se de que a agulha esteja abaixada, segurando a peça, e faça um pique apenas na seção do revel da gola. Gire o trabalho e costure o decote costas em direção à próxima marcação. Novamente, abaixe a agulha, prendendo a peça, e faça um pique no canto do revel da gola para liberar o tecido e girar o trabalho. Costure até o fim. Faça um pique em diagonal (conforme mostra o detalhe da figura) no canto do revel da gola, faça um pesponto embutido nas margens da costura em direção ao revel do decote e passe a ferro. **(3)** Faça uma costura de arremate na borda do revel da gola. **(4)** Prepare as mangas. Ajuste a máquina no seu ponto de costura maior e costure duas linhas de franzido, conforme mostrado na figura. **(5)** Ajuste a máquina de volta ao seu ponto usual. Encaixe os piques na costura da manga, observando como as mangas não se encaixam perfeitamente. Use as costuras de franzido à máquina para ajustar a manga de baixo em direção à manga de cima. Arremate a costura. **(6)** Arremate a bainha da manga. **(7)** Costure o outro lado da manga e arremate. Dobre e refile a borda da bainha com o arremate para garantir que a borda arrematada não fique visível. **(8)** Encaixe os piques e costure a pence frontal grande. Arremate a pence, refilando a borda superior com o arremate. Costure o restante das pences nas seções da frente e das costas usando o método usual.

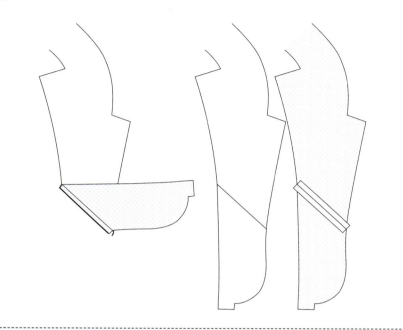

Faça um pique apenas no canto do revel da gola e gire o trabalho

Faça um pique na diagonal no revel da gola

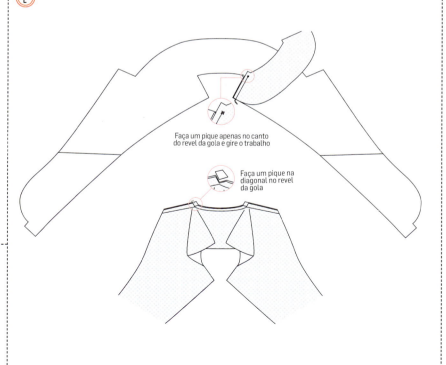

▶ DICA PARA A MODELAGEM

Certifique-se de que todas as marcações sejam feitas com alinhavos de alfaiate ou outra técnica de marcação alternativa para facilitar o encaixe preciso dos pontos durante a montagem.

CAPÍTULO 5: TERNOS E CASACOS

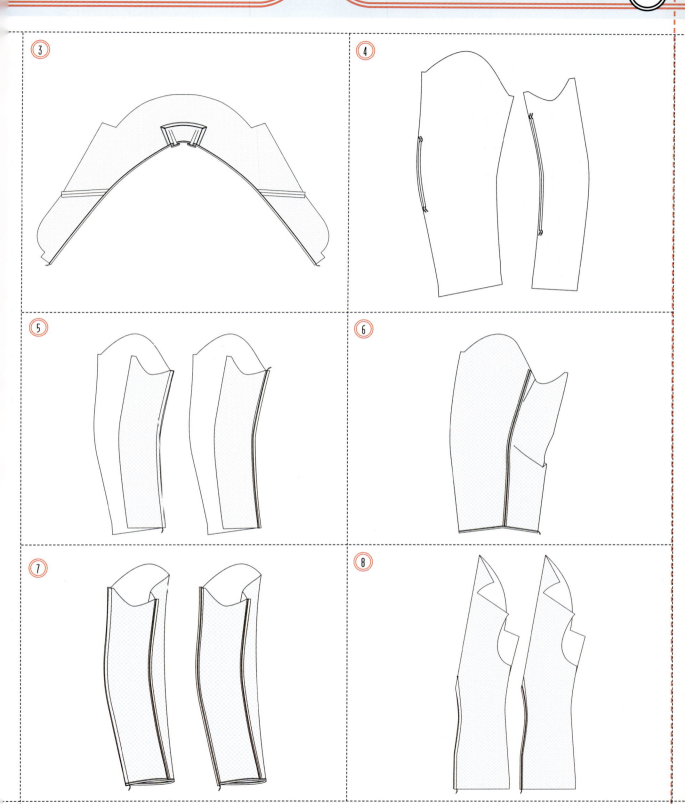

(9) Arremate as costuras laterais da frente e das costas. **(10)** Costure as partes da frente juntas, costurando o centro-costas da gola. **(11)** Costure os decotes da frente e das costas, seguindo o procedimento descrito na etapa 2. Quando você alcançar a marcação, faça um pique apenas na parte da frente, possibilitando que o trabalho seja girado. **(12)** Ao finalizar a costura, faça um pique na diagonal nas partes das costas, conforme demonstrado na etapa 2. Arremate as costuras do ombro; não é conveniente arrematar logo no fim da borda da gola próximo à costura do ombro, visto que esta parte é complexa e volumosa. Considerando-se que esta parte do ombro será escondida pelo revel da gola, costure apenas até onde está demonstrado. **(13)** Com direito sobre direito, costure o revel da gola e a parte principal da jaqueta juntas ao longo da borda de contorno da gola. Vire para o lado direito e passe a ferro, usando um gabarito de passadoria de cartolina, se necessário. Essa borda do contorno pode ser pespontada após a montagem, se desejar. **(14)** Faça as costuras laterais e passe a ferro, abrindo as margens de costura. Passe a ferro, tombando a costura do ombro em direção à parte das costas. **(15)** Insira a manga usando o método descrito na página 162. Arremate a cava, unindo todas as camadas. Será necessário refilar o acabamento do arremate para evitar que as bordas fiquem visíveis. Arremate a bainha de uma só vez, dobre-a e faça uma costura na posição. Dobre a bainha da manga e arremate com pontos invisíveis. Faça a casa de botão e costure o botão.

▶ DICA PARA A MODELAGEM
Não dobre e refile as extremidades das seções de arremate, a menos que indicado nas instruções, visto que isso pode criar um volume desnecessário.

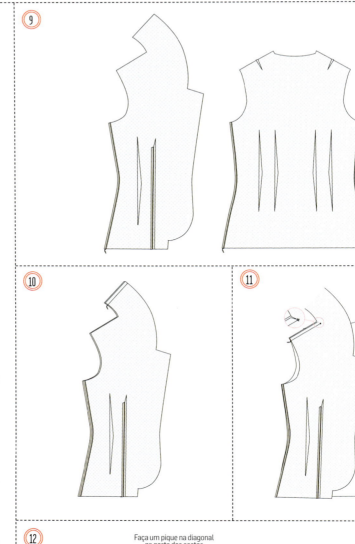

Faça um pique na diagonal na parte das costas

CAPÍTULO 5: TERNOS E CASACOS 101

Jaqueta boxy: *década de 1960*

ESPECIFICAÇÃO DA PEÇA

Esta jaqueta de pregas forrada tem mangas raglã. Pode ser usada em combinação com uma saia em linha A de comprimento no joelho para fazer um tailleur estilo anos 1960. O modelo é adequado para tecidos de peso médio a pesado, como lã e bouclê. Finalize com um galão contrastante.

Tamanhos	P (cm)	M (cm)	G (cm)	GG (cm)
Busto (abaixo da cava)	90,6	95,6	100,6	105,6
Largura da jaqueta (na altura da bainha)	82	87	92	97
Centro-costas do decote à bainha	42,2	42,8	43,4	44
Decote costas (na linha de costura)	16,4	17	17,6	18,2
Punho	25,5	26,3	27,1	27,9
Comprimento da manga a partir do decote	69,9	70,7	71,5	72,3

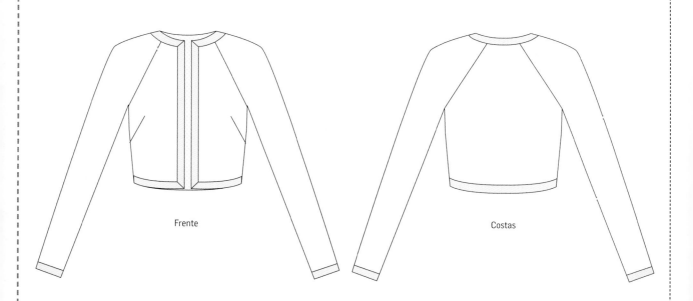

Frente   Costas

CAPÍTULO 5: TERNOS E CASACOS

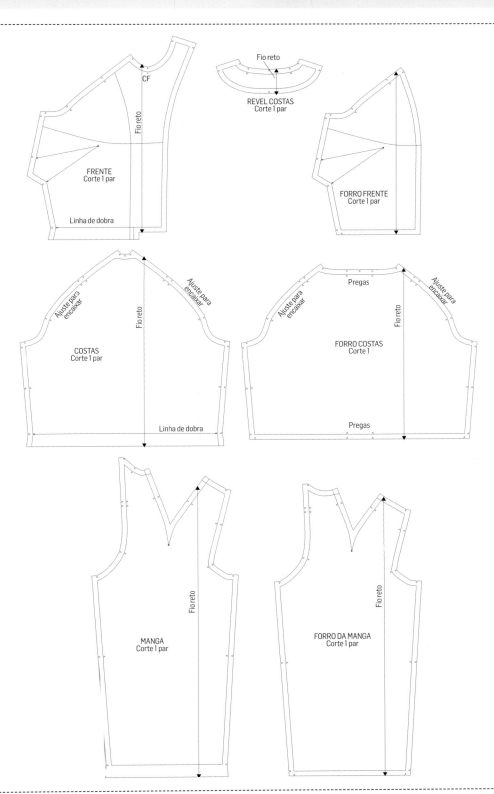

CF: centro-frente

INSTRUÇÕES PARA A MONTAGEM

(1) Com direito sobre direito, dobre a manga e costure as pences do ombro nas duas mangas raglã. **(2)** Passe a ferro as margens de costura do ombro, abrindo-as. **(3)** Costure as pences das partes da frente e passe a ferro, tombando-as em direção à bainha. **(4)** Com direito sobre direito, junte a parte da frente da manga raglã à parte da frente da jaqueta. Repita o procedimento do outro lado. **(5)** Coloque direito sobre direito e junte a parte de trás da manga à parte das costas da jaqueta e costure. Repita o procedimento do outro lado. A jaqueta está agora unida nas quatro costuras da manga. **(6)** Em seguida, passe a ferro, abrindo as margens de costura da manga, fazendo piques nas margens para liberar o tecido na curva da parte de baixo do braço e permitir que a peça fique plana e com menos volume. Certifique-se de que esses piques sejam feitos próximo à costura, mas não até ela, já que isso pode danificar a integridade da costura; simplesmente corte nas margens de costura o suficiente para liberar o tecido e deixá-lo plano.

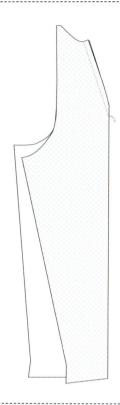

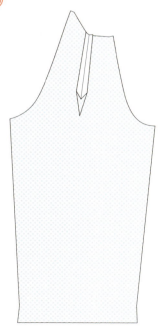

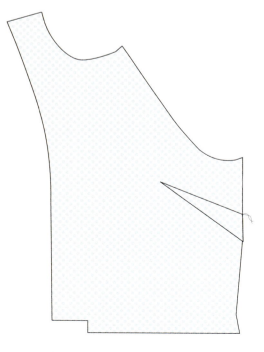

CAPÍTULO 5: TERNOS E CASACOS

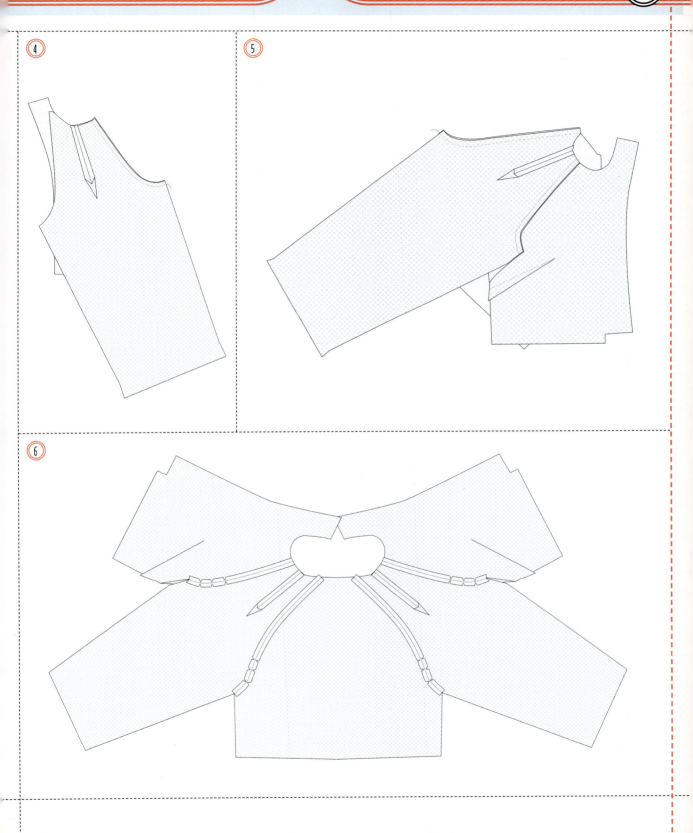

(7) Dobre as mangas de modo que os lados direitos fiquem voltados um para o outro e faça a costura debaixo do braço e lateral de uma só vez. Passe a ferro, abrindo as margens de costura. **(8)** Com direito sobre direito, junte a peça do revel costas à parte da frente da jaqueta, na costura do ombro. **(9)** Vire a jaqueta para o lado direito. Dobre os revéis da frente e do decote das costas na posição, de modo que os lados direitos fiquem voltados um para o outro, e costure o decote à máquina de uma só vez. Faça a bainha do revel. Faça a costura de fechamento no decote e refile as margens da costura para reduzir o volume. **(10)** Vire a peça do avesso, virando, portanto, os revéis da frente e do decote das costas. Passe a ferro levemente o revel e dobre a bainha da jaqueta e a bainha da manga na posição correta. **(11)** Complete o forro seguindo as instruções da etapa 7, certificando-se de que o excesso no centro-costas do decote e da bainha seja costurado como uma prega. Dobre toda a margem da costura. Faça uma costura de alinhavo à máquina para usar como guia, se desejar. **(12)** Com avesso sobre avesso, coloque o forro sobre a parte exterior da jaqueta e costure à mão na posição.

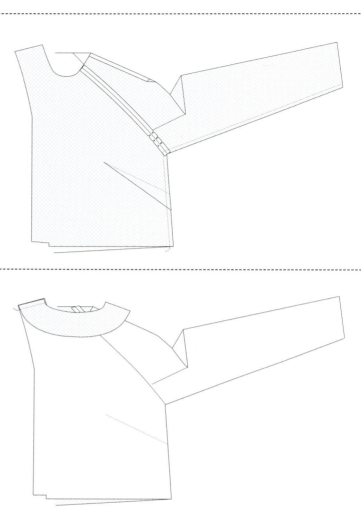

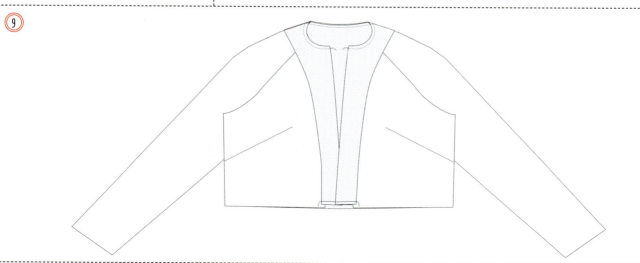

CAPÍTULO 5: TERNOS E CASACOS 107

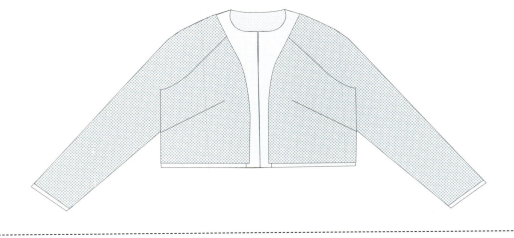

CAPÍTULO 6: LINGERIE   109

CAPÍTULO 6
Lingerie

É comum que as cintas modeladoras e os espartilhos que as mulheres usavam antes da década de 1920 pareçam muito restritivos aos olhos modernos, mas eles eram essenciais para modelar o corpo e oferecer suporte aos modelos daquela época. As décadas de 1920 e 1930 trouxeram novo glamour à roupa íntima feminina e à roupa de dormir, com adornos de renda e fita adicionados à seda e aos cetins brancos ou em tons pastel. Nos anos 1950, a anágua era uma peça importante para dar suporte às volumosas saias da época, e as cintas e corseletes rígidos eram fundamentais para se conseguir a silhueta curvilínea dessa década. As cintas modeladoras começaram a cair em desuso nos anos 1960 e 1970, à medida que as meias-calças substituíram as meias 7/8 e as mulheres passaram a usar roupas menos estruturadas. Em geral, as mulheres modernas usam cintas e anágua apenas com roupas destinadas a ocasiões especiais, como vestidos de noiva ou de baile.

VISÃO GERAL DOS ESTILOS
Lingeries modeladoras: década de 1930 em diante   110
Anáguas e combinações: décadas de 1940 e 1950   112

MODELAGENS
Combinação: década de 1920   114
Calção: década de 1920   118
Combinação: década de 1940   120
Bustiê e anágua: década de 1950   124

Combinação floral Arlene Phillips (Marisota).

Lingeries modeladoras: década de 1930 em diante

NO PASSADO

As lingeries modeladoras, em suas mais diversas formas, têm sido peças essenciais no guarda-roupa feminino há séculos. De corseletes com barbatanas a cintas de borracha, as mulheres têm usado suas peças íntimas para dar a suas roupas um caimento melhor, resultando em uma forma mais elegante.

As lingeries modeladoras que encontramos com frequência nos dias de hoje devem muito à chamada calcinha modeladora. Desde a década de 1930, aproximadamente, elas não eram populares de fato, mas isso viria a mudar na década de 1960, quando as meias 7/8 começaram a sair de moda. Elas vinham com clipes removíveis até a década de 1970, quando a meia-calça se tornou a opção da maioria das mulheres para cobrir as pernas.

Inovações nos tecidos, como o *power mesh* e a Lycra® possibilitaram que hoje as lingeries modeladoras fossem muito mais confortáveis e fáceis de vestir e tirar. As peças antigas costumavam ser muito pesadas e feitas de borracha com náilon espesso e raiom, para propiciar o nível de suporte necessário.

QUEM: Playtex era um famoso fabricante de lingeries modeladoras.

POR QUÊ: As cintas modelam a silhueta sob roupas justas.

VARIAÇÕES: Cinturita, espartilhos, torsolete e corselete.

ESTILOS SEMELHANTES: Bustiê e anágua, pág. 124.

MODELAGENS PARA COMBINAR: Vestido de baile, pág. 26.

HOJE

Lingerie Alecia (Ann Summers).

HOJE

Lingerie marfim (Simply yours).

CAPÍTULO 6: LINGERIE 111

Estilos e usos, no passado e hoje

TECIDO
No passado: As cintas modeladoras eram feitas de camadas pesadas de náilon espesso não elástico, raiom e borracha. Elas seguravam bastante, mas podiam ser desconfortáveis e restritivas. Era comum que parassem em pé por conta própria!

Hoje: Tecidos leves, com boa elasticidade, tais como *power mesh* e Lycra®, são usados para oferecer certo nível de suporte, mas sem restringir os movimentos da mulher.

COMPRIMENTO
No passado: Os comprimentos variavam de um espartilho inteiro, cobrindo busto e quadril, até opções menores, que se estendiam da linha abaixo dos seios ao osso do quadril.

Hoje: As lingeries modeladoras modernas variam dependendo de quanto controle se quer proporcionar e em que áreas, mas em geral vão da cintura até o meio da coxa.

ESTILO
No passado: As cintas vinham com alças para segurar as meias 7/8. Comumente fechavam na lateral com um fecho de ganchos ou nas costas, o que tornava sua colocação demorada. Na década de 1960, as calcinhas modeladoras eram mais populares, mas as lingeries modeladoras mais específicas, incluindo cinturitas e espartilhos, ainda eram usadas em ocasiões especiais.

Hoje: As lingeries modeladoras modernas costumam ser usadas apenas em ocasiões especiais. Em geral sem fechos, são fáceis de vestir e tirar. Isso torna seu uso muito mais confortável, além de proporcionar uma silhueta mais definida sob a roupa justa. Raramente têm alças e, quando têm, costumam ser removíveis. Há vários estilos e formatos disponíveis para atuar em áreas específicas ou com estilos de roupa específicos, como as versões mais longas, que cobrem a perna, para usar com saias justas, ou modeladores de corpo inteiro com sutiã, para criar uma silhueta mais definida no tronco.

CORES
No passado: Em geral, as lingeries modeladoras eram disponíveis nas cores pêssego claro ou branco.

Hoje: As lingeries modeladoras costumam ser feitas em tons de pele, para que fiquem discretas sob a roupa, embora atualmente o preto seja mais comum e alguns fabricantes usem tecidos de *power mesh* coloridos com brilho ou estampados.

COMBINAÇÕES POSSÍVEIS
No passado: As lingeries modeladoras faziam parte do vestuário cotidiano das mulheres e levar uma menina para comprar o seu primeiro espartilho era um rito de passagem. Acreditava-se que eles melhoravam a postura e a saúde.

Hoje: As lingeries modeladoras modernas são feitas para serem usadas sob roupas justas ou apertadas, em ocasiões especiais.

DICAS DE COSTURA
- Seja organizado ao trabalhar com roupas de várias peças. Após o corte, coloque as peças em ordem de montagem.
- O bustiê e o espartilho costumam ser feitos um tamanho menor do que as roupas normais, de modo a ter o efeito de esculpir o corpo e para permitir que estiquem com o tempo.

HOJE

Sutiã estampado (Debenhams).

Anáguas e combinações: décadas de 1940 e 1950

NO PASSADO

Derivada da *petite cote* francesa ("casaquinho"), a anágua era originalmente um casaco acolchoado usado por homens sob a armadura. A partir de meados do século XV, o termo foi incorporado ao vestuário feminino, e desde então a anágua é sempre usada sob vestidos longos.

O New Look de Christian Dior, do final dos anos 1940 e início dos anos 1950, ocasionou o ressurgimento da popularidade da anágua no século XX. Suas saias rodadas necessitavam de camadas volumosas de anáguas para ter seu formato sustentado. Essas subcamadas eram, muitas vezes, coloridas e com babados, para as mulheres mais ousadas. Havia um certo toque de classe em deixar ser vista de relance uma seda escarlate ou verde brilhante quando as mulheres glamorosas do pós-guerra se balançavam nos ônibus e trens em suas saias inadequadas, mas soltas e arrebatadoras.

As anáguas quase saíram de moda, mas o impacto que tiveram ainda é proeminente. Se uma saia ou vestido precisa de volume nos dias de hoje, a anágua costuma ser incluída no modelo. Muitas vezes, elas também são necessárias para recriar um look vintage.

QUEM: As mulheres usavam anágua sob as saias rodadas criadas por Christian Dior.

POR QUÊ: As saias rodadas entraram em voga após a moda austera e séria dos anos de guerra, e a anágua era essencial para dar suporte ao seu formato.

VARIAÇÕES: Os estilos mais longos, assim como os curtos e muito rodados, eram usados com várias fileiras de babados e detalhes em renda.

ESTILOS SEMELHANTES: Combinação dos anos 1920, pág. 114; combinação dos anos 1940, pág. 120; bustiê e anágua, pág. 124.

MODELAGENS PARA COMBINAR: Vestido de baile, pág. 26; saia godê, pág. 70.

HOJE

Anágua noz-moscada (Colette Patterns – www.colettepatterns.com).

HOJE

Anágua canela (Colette Patterns – www.colettepatterns.com).

CAPÍTULO 6: LINGERIE

Estilos e usos, no passado e hoje

TECIDO

No passado: Anáguas em camadas, franzidas e rígidas eram feitas com redes de crinolina e, às vezes, com crina de cavalo. Náilon, chiffon, tafetá e organdi também eram utilizados.

Hoje: Crinolina, tafetá e organdi ainda são usados, e combinações de náilon também estão disponíveis.

COMPRIMENTO

No passado: Dependendo do comprimento das saias usadas, as anáguas podiam ir até a panturrilha ou ser curtas, quase do comprimento de um *tutu*.

Hoje: O comprimento da anágua ainda depende do comprimento da saia ou do vestido, mas ainda é bastante popular.

ESTILO

No passado: As adolescentes costumavam usar modelos mais curtos, ao passo que comprimentos mais longos davam um ar de sofisticação. Em muitos casos, até três anáguas eram usadas ao mesmo tempo para se obter um efeito volumoso, com camadas, de modo a conferir destaque à saia.

Hoje: A anágua volumosa foi substituída por saias de baixo simples, separadas do vestido ou da saia, embora anáguas volumosas ainda sejam usadas em vestidos de noiva e de baile.

CORES

No passado: As cores brilhantes eram utilizadas para adicionar um elemento de diversão que podia, eventualmente, ser visto de relance sob as saias. Vermelhos, verdes e roxos eram muitas vezes utilizados, embora o branco tradicional fosse a cor mais comum.

Hoje: As anáguas atualmente costumam ser utilizadas para ajudar no caimento das saias e proporcionar menos transparência quando a saia tem tecido fino. Tons nude, assim como o branco e o preto, são usados com frequência.

COMBINAÇÕES POSSÍVEIS

No passado: Usados sob saias poodle, saias godê e vestidos *dirndl* (vestido típico alemão), a anágua era uma peça de lingerie essencial nos anos 1950.

Hoje: Usada com vestidos de noiva e de baile volumosos, a anágua é considerada uma lingerie para eventos especiais.

DICAS DE COSTURA

- Para acelerar a confecção de uma anágua, invista em calcadores para sua máquina de costura para fazer plissagem, babados e pregas.

- Fitas ou rendas plissadas ou com pregas podem ser aplicadas entre as camadas durante a confecção ou acrescentadas à peça finalizada.

- Corte várias camadas de tule usando o padrão de saias godê ou meio-godê (página 70) para pregar à pala ou ao cós.

HOJE

Anágua de tule (20th Century Foxy).

Combinação: década de 1920

ESPECIFICAÇÃO DA PEÇA

Esta combinação tem uma pala em ângulo que dá forma ao busto e cai reto diretamente sobre os quadris. Indicada para tecidos médios e leves.

VARIAÇÕES DE ESTILO

A pala desta combinação pode ser cortada em um tecido contrastante, como renda ou bordado inglês, ou pode ser bordada à mão antes da montagem. Encurte a combinação, transformando-a em blusa soltinha, ou aplique camadas de franjas e transforme-a em um vestido de melindrosa clássico. Se quiser ousar, pode completar com as franjas seguindo o ângulo da pala ao longo de todo o comprimento da peça.

Frente

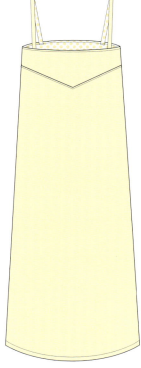
Costas

Tamanhos	P (cm)	M (cm)	G (cm)	GG (cm)
Busto (na costura superior)	86,8	91,8	96,8	101,8
Cintura (20 cm) abaixo da linha superior	86,2	91,2	96,2	101,2
Largura da saia (na altura da bainha)	86,2	91,2	96,2	101,2
Centro-costas (do decote à linha da cintura)	75,9	75,9	75,9	75,9
Comprimento da alça	36,8	38	39,2	40,4

CAPÍTULO 6: LINGERIE

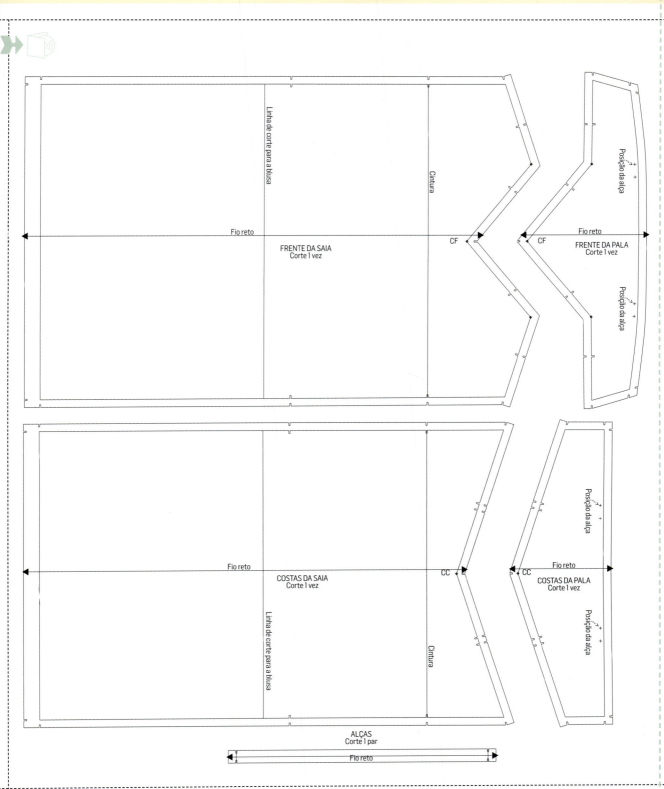

CC: centro-costas   CF: centro-frente

INSTRUÇÕES PARA A MONTAGEM

(1) Com direito sobre direito, junte a frente da pala com a frente da saia; prenda somente até a primeira marcação e costure até esse ponto. Assegure-se de que a agulha da máquina esteja abaixada e dê um pique no vértice da pala até próximo da margem de costura, mas sem cortá-la. **(2)** Com a agulha da máquina abaixada, gire a pala em torno da agulha e continue costurando até a marcação centro-frente. Com a agulha da máquina abaixada, dê um pique somente na saia. Gire a peça em torno da agulha e continue costurando, completando o último vértice, conforme detalhado acima. **(3)** Assente as margens de costura para baixo. Para reduzir o volume, faça um pique através das duas camadas do vértice superior. Vire a peça para o lado direito e, usando a costura como guia, faça um pesponto bem rente à margem da pala pegando todas as camadas, de modo a fixar as margens de costura para baixo.

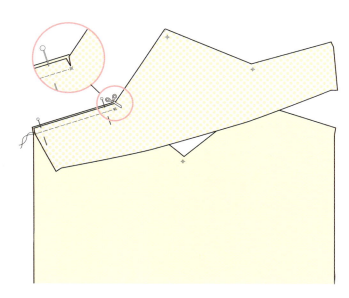

Pique na saia

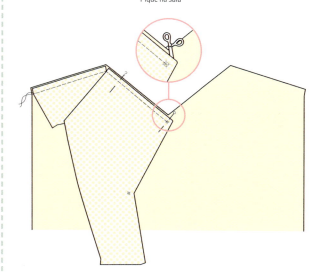

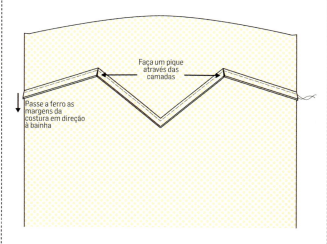

Faça um pique através das camadas

Passe a ferro as margens da costura em direção à bainha

CAPÍTULO 6: LINGERIE 117

(4) Mantendo direito sobre direito, costure as costas da pala às costas da saia, parando na marcação central das costas. Com a agulha da máquina abaixada, dê um pique na margem de costura somente da saia. Gire a peça em torno da agulha e costure o outro lado. **(5)** Passe a ferro as margens de costura em direção à bainha. Vire a peça para o lado direito e faça um pesponto bem rente à margem da pala pegando todas as camadas. **(6)** Costure as laterais e abra as costuras. Para criar um acabamento autêntico e resistente, você pode finalizar a costura lateral com costuras rebatidas: faça uma costura reta e refile a margem de costura no lado direito do tecido (ver p. 167). **(7)** Faça uma dobra dupla de 6 mm na borda superior, fixe as alças na posição e costure ao redor. Finalize a peça com uma bainha de dobra simples de 2 cm.

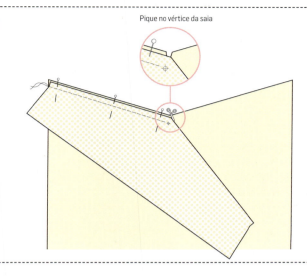

Pique no vértice da saia

DICA PARA A MODELAGEM
Como a pala deste modelo tem ângulos bem marcados, assegure-se de que as marcações sejam transferidas usando giz de alfaiate ou alguma técnica de marcação alternativa para garantir que as partes se encaixem corretamente.

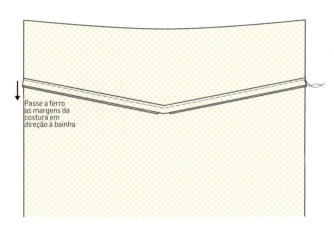

Passe a ferro as margens da costura em direção à bainha

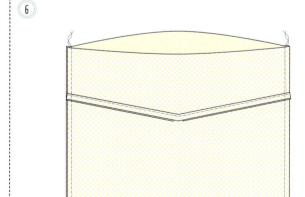

Caleçon: década de 1920

ESPECIFICAÇÃO DA PEÇA

Este caleçon dos anos 1920 tem cós com elástico e costuras francesas resistentes. Apropriado para tecidos leves, pode ser usado com qualquer uma das blusas soltinhas estilo camisola (ver págs. 114 e 120; as linhas de corte para converter as combinações em blusinhas estão indicadas em ambos os moldes).

Tamanhos	P (cm)	M (cm)	G (cm)	GG (cm)
Cintura na costura superior	102,7	107,7	112,7	117,7
Quadril 10 cm abaixo do cós na costura lateral	104,4	109,4	114,4	119,4
Bainha	67,7	70,2	72,7	75,2
Entrepernas	4,5	4,5	4,5	4,5
Lateral da perna, incluindo o cós	22,9	23,5	24,1	24,7
Gancho dianteiro	34,3	35,1	35,9	36,7
Gancho traseiro	36,5	37,3	38,1	38,9

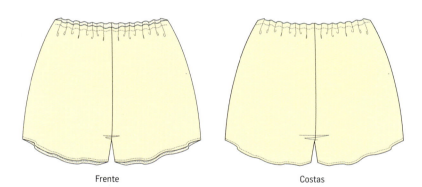

Frente — Costas

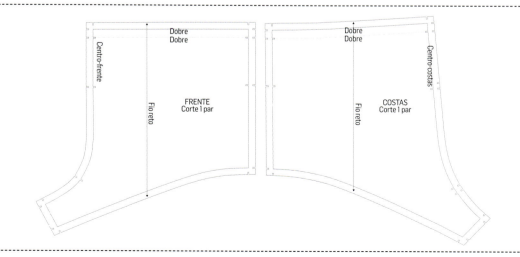

CAPÍTULO 6: LINGERIE   119

DICA PARA A MODELAGEM

Este calção é feito com costura francesa (ver pág. 164). Não dê piques com mais que 3 mm, pois isso irá desestabilizar a integridade da costura e prejudicar o acabamento interno.

INSTRUÇÕES PARA A MONTAGEM

(1) Costure as frentes juntas ao longo da costura central. Com avesso sobre avesso, faça uma costura a 6 mm a partir da borda e corte 3 mm para dentro. Passe a ferro a costura e em seguida vire a peça, deixando direito sobre direito. Faça outra costura a 6 mm da borda da dobra. Abra a costura finalizada, passe a ferro para um dos lados. Repita o procedimento nas costas. **(2)** Mantendo o avesso das costas com o avesso da frente, una as costuras laterais utilizando o método descrito acima. **(3)** Costure então o entrepernas também com esse mesmo método. Para reduzir o volume, posicione as margens de costura em direções opostas antes de costurar. **(4)** Para finalizar a perna, faça uma bainha de dobra dupla de 6 mm. **(5)** Prepare o cós para o elástico: faça uma dobra de 1,2 cm e, em seguida, uma outra dobra de 2,5 cm, formando, dessa forma, um canal de dobra dupla para o elástico. **(6)** Costure na borda da dobra, deixando um espaço central, sem costurar, na parte de trás para passar o elástico. Você pode fechar esse espaço à máquina depois de inserir o elástico.

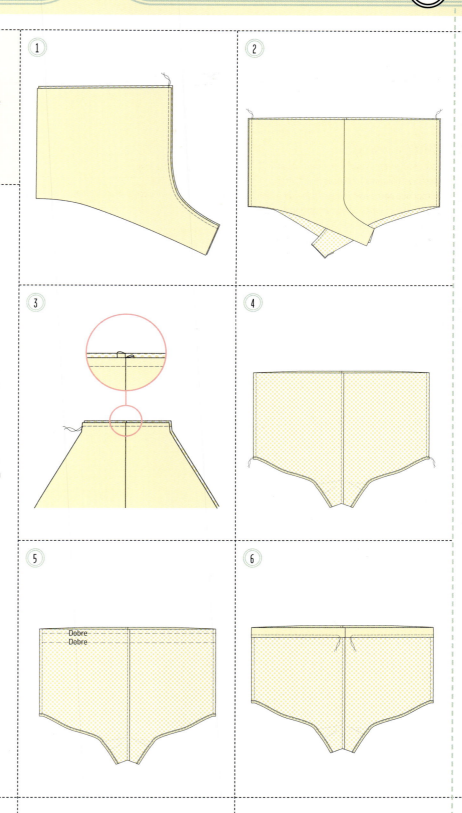

Combinação: década de 1940

ESPECIFICAÇÃO DA PEÇA

Esta combinação feminina no estilo dos anos 1940 cai suavemente dos quadris e é arrematada com um enfeite de renda.
É adequada para tecidos médios e leves e também pode ser encurtada, transformando-se em uma blusa soltinha estilo camisola.

Tamanhos	P (cm)	M (cm)	G (cm)	GG (cm)
Margem superior das costas	39,8	42,3	44,8	47,3
Busto	81,6	86,6	91,6	96,6
Cintura 17 cm abaixo da borda superior	68	73	78	83
Quadril 38 cm abaixo da borda superior	92,6	97,6	102,6	107,6
Largura da saia (na altura da bainha)	145,8	150,8	155,8	160,8
Comprimento da alça	38,8	40	41,2	42,4
Comprimento no centro-costas	85,1	85,1	85,1	85,1

Frente   Costas

CAPÍTULO 6: LINGERIE

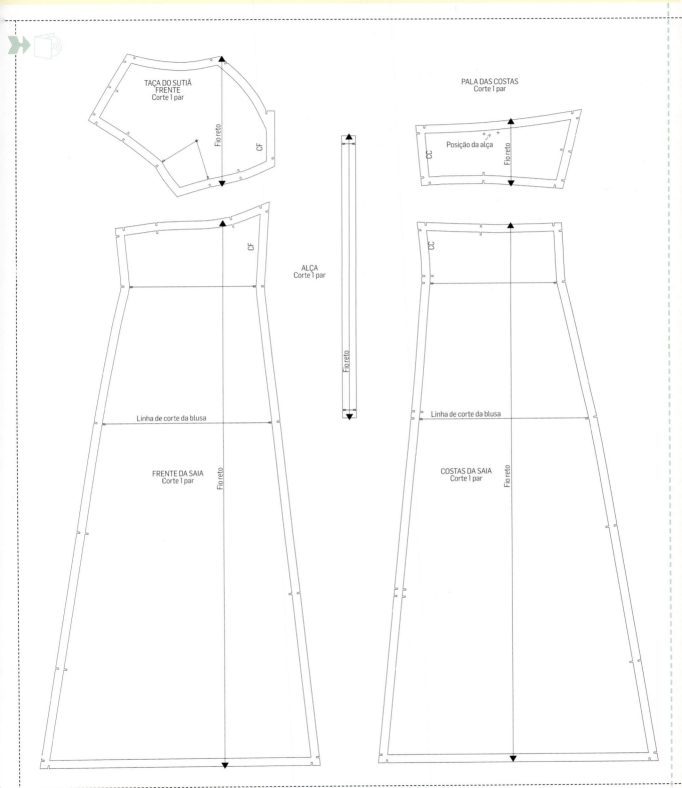

CC: centro-costas   CF: centro-frente

DICA PARA A MODELAGEM

Antes de retirar o molde de cima do tecido, dê um pique em todas as fendas e faça as marcações com um giz de alfaiate.

INSTRUÇÕES PARA A MONTAGEM

(1) Feche as pences dos bojos do sutiã e depois corte o excesso deixando uma margem de 1,2 cm. Passe a ferro a margem de costura em direção à costura lateral. Com direito sobre direito, encaixe os piques como referência e costure o bojo na parte da frente da saia, dos dois lados. Em seguida, una um lado da pala das costas com as costas da saia e repita do outro lado. Passe a ferro a margem de costura em direção à bainha. **(2)** Mantendo direito sobre direito, costure as frentes juntas ao longo da costura central e faça o mesmo para as costas. Em seguida, abra as costuras. **(3)** Ainda com direito sobre direito, una as costuras laterais e abra-as. Vire a peça para o lado direito. **(4)** Finalize a borda superior com rendas ou fitas. Dobre 1,2 cm no centro das costas, como acabamento da renda ou fita, e alfinete a renda por toda a volta, até a posição do centro-frente. **(5)** No ponto mais alto do bojo, mantendo a agulha da máquina abaixada, gire a peça em torno da agulha e faça uma pequena dobra na renda para fazer o canto. Quando chegar ao centro-frente, mantenha a agulha da máquina abaixada e gire a peça; agora posicione o resto do enfeite na posição e alfinete. Continue costurando até o centro-costas, sobrepondo a renda por um pequeno trecho sobre a dobra inicial. Assente a renda para cima, com as margens de costura voltadas para a bainha. **(6)** Prepare a alça de renda com o comprimento necessário, dobre a borda inferior e aplique no local indicado. Costure a renda, no centro-frente, em diagonal, de modo que a renda acompanhe corretamente o desenho do decote. **(7)** Vire a peça para o lado direito e pesponte sobre o tecido, rente à costura, prendendo também as alças na frente e nas costas, tendo o cuidado de pegar todas as camadas de tecido. Finalize a bainha com renda usando o mesmo método.

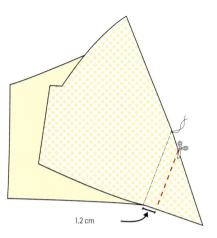

1

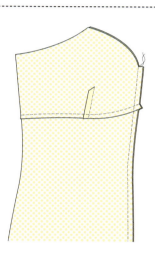

2

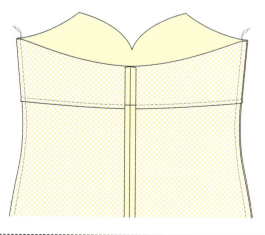

3

CAPÍTULO 6: LINGERIE

④

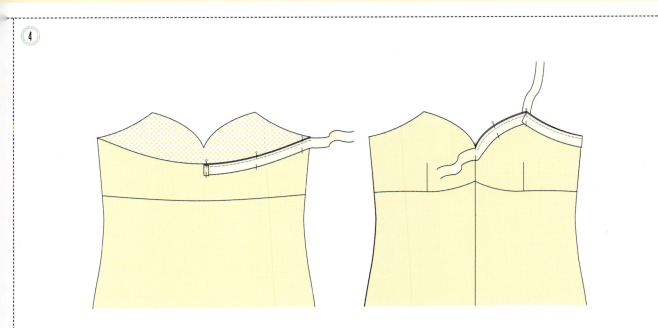

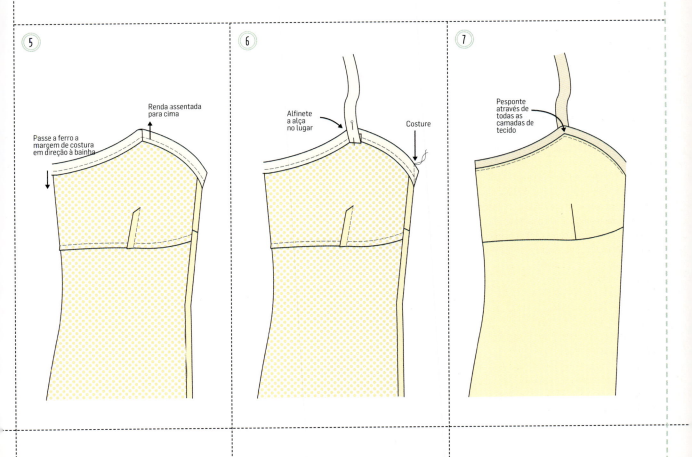

Bustiê e anágua: década de 1950

ESPECIFICAÇÃO DA PEÇA

Esta volumosa anágua com bustiê justo servirá para dar suporte a uma saia ou vestido rodado, mas, com o tecido certo, também pode ser usada como vestido. O modelo é apropriado para vários tecidos. Considere fazer as camadas mais baixas da anágua de tule.

Tamanhos	P (cm)	M (cm)	G (cm)	GG (cm)
Busto	81	86	91	96
Cintura (na linha de costura)	64	69	74	79
Costura inferior da primeira camada	90,2	95,2	100,2	105,2
Largura da saia (na altura da bainha)	755	760	765	770
Comprimento no centro-costas	75,7	75,7	75,7	75,7

Frente

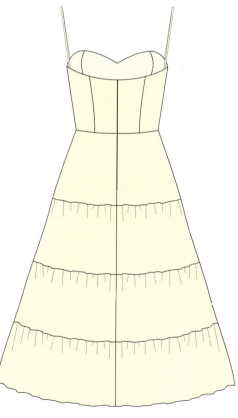

Costas

CAPÍTULO 6: LINGERIE

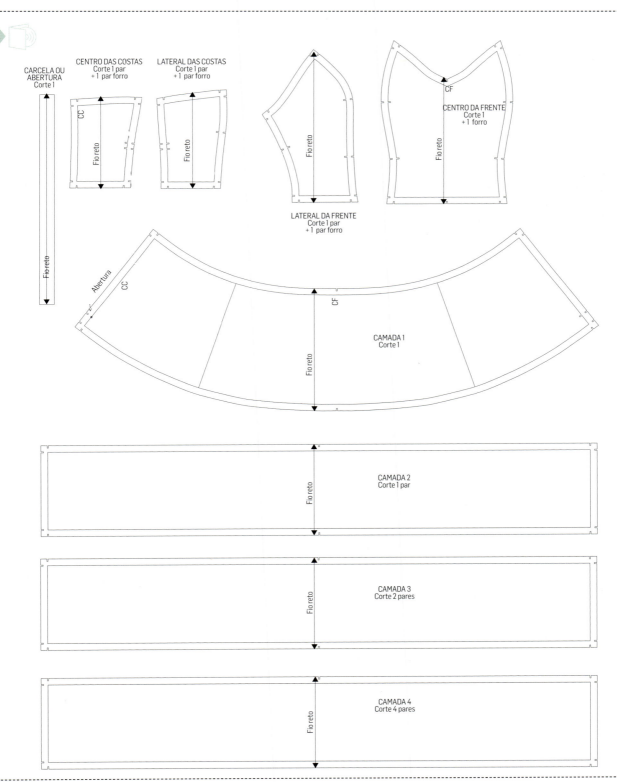

DICA PARA A MODELAGEM

Esta roupa contém algumas peças duplicadas, por isso organize-as antes de costurar, separando as peças que serão costuradas juntas para evitar confusão durante a montagem.

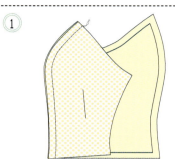

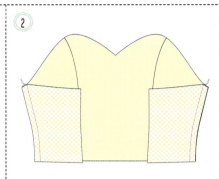

INSTRUÇÕES PARA A MONTAGEM

(1) Com direito sobre direito, costure a lateral da frente com o centro da frente e, em seguida, faça o mesmo do outro lado. Abra as costuras, tomando cuidado para não achatar o busto com a pressão das mãos. **(2)** Com direito sobre direito, costure as laterais das costas com as laterais da frente e abra as costuras. **(3)** Mais uma vez mantendo direito sobre direito, costure as laterais com os centros das costas, abra as costuras e então deixe essa peça de lado por um instante. Repita todo o procedimento para o forro. **(4)** Aplique a barbatana ao forro, usando o calcador de zíper. Assegure-se de que a barbatana não se prolongue até a margem de costura. Se você não estiver usando barbatana revestida com tecido, cubra-a com uma fita adequada. **(5)** Com direito sobre direito, costure o forro e a peça juntos, deixando a borda da cintura aberta. Faça um pesponto embutido prendendo as margens de costura da borda superior apenas no forro e refile as margens de costura para reduzir o volume. Vire a peça para o direito, passe a ferro com cuidado e coloque de lado. Se preferir uma abertura com zíper, costure somente a borda superior, faça o pesponto embutido e junte o bustiê à saia antes de colocar o zíper, usando o forro como acabamento e finalizando o acabamento do zíper à mão.

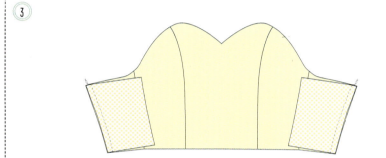

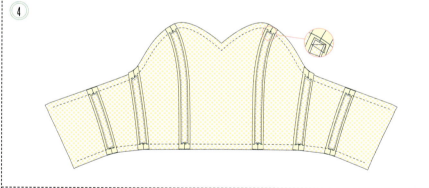

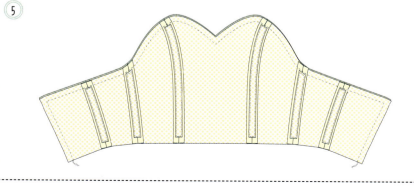

(6) Para preparar a saia, deixe a camada 1 de lado por enquanto e, com direito sobre direito, costure as duas peças da camada 2 pelas laterais e passe a ferro as costuras. Deixe a costura central das costas aberta. Repita o procedimento para as quatro peças da camada 3 e para as oito da camada 4. Fazendo pregas ou franzidos, una a borda superior da camada 4 à bainha da camada 3, de modo a coincidirem (para isso use uma proporção de 2:1). Mantendo direito sobre direito, costure essas duas camadas uma à outra. Junte a camada 3 à camada 2 utilizando o mesmo método. Agora, você pode unir a borda superior franzida da camada 2 à bainha arredondada da camada 1. **(7)** Com direito sobre direito, feche a costura central das costas da saia desde a bainha até a marcação da abertura, certificando-se de que a margem de costura de cada uma das camadas esteja passada a ferro em direção à borda da cintura. Dê um pique na marcação até perto da costura, mas sem cortá-la, e reduza as margens de costura da abertura, deixando-as com 6 mm. Corte em diagonal o canto inferior. **(8)** Faça o acabamento da abertura com a carcela. Estenda a abertura, abrindo-a e, com direito sobre direito, costure a carcela ao longo da abertura toda, deixando uma margem de costura de 6 mm. Dobre a carcela para o avesso da peça e, dobrando para dentro a borda sem acabamento, costure à máquina ou à mão para finalizar. Para impedir que a carcela fique virando para o lado direito da peça, costure a borda inferior em um ângulo de 45°. **(9)** Para unir o bustiê à anágua, com direito sobre direito, costure a parte exterior do bustiê à anágua ao longo da linha da cintura, tomando cuidado para que o forro permaneça solto na cintura e não seja preso por engano durante a costura. Assente as margens de costura para cima e costure o forro, à máquina ou à mão, na cintura, dobrando para dentro as bordas sem acabamento. Adicione colchetes de gancho ou de pressão no centro das costas e finalize a bainha da anágua.

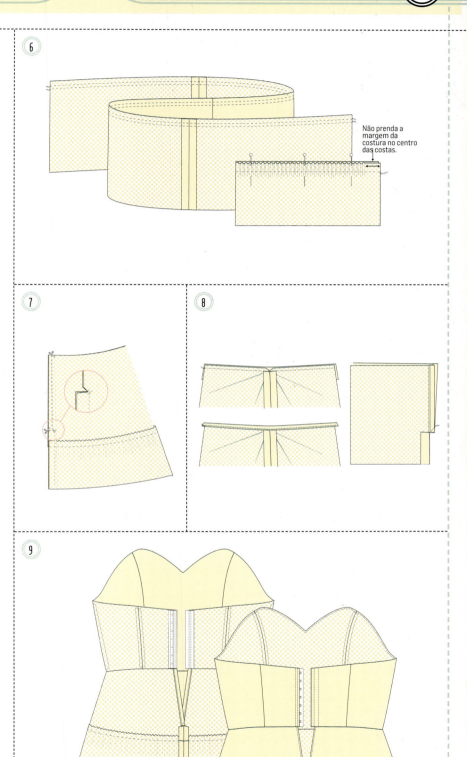

CAPÍTULO 6: LINGERIE   127

CAPÍTULO 7: ACESSÓRIOS DE CABEÇA E LUVAS

CAPÍTULO 7

Acessórios de cabeça e luvas

Acessórios de cabeça e luvas sempre foram usados com finalidades práticas, sobretudo para proteger as pessoas do frio. No entanto, vários acessórios já tiveram seu momento como ícone da moda. O chapéu cloche é um símbolo da melindrosa inconformista dos anos 1920, ao passo que as luvas brancas até o cotovelo costumavam combinar-se aos longos e elegantes vestidos de noite da década de 1930. Nas décadas de 1940 e 1950, homens e mulheres quase sempre usavam chapéus para completar seu traje, enquanto os anos 1960 conheceram novos looks na chapelaria, incluindo a sofisticação sóbria da casquete, para sempre associada a Jackie Kennedy, e a boina, que evidenciava muito bem um corte de cabelo curto. Atualmente, as mulheres adotam acessórios de todos os tipos, e chapéus, cachecóis e luvas cuidadosamente escolhidos são itens fundamentais para compor um look.

VISÃO GERAL DOS ESTILOS

Luvas: décadas de 1920 a 1960 — 130
A echarpe estampada: década de 1920 em diante — 132
O turbante: década de 1920 em diante — 134
Casquete: década de 1960 — 136

MODELAGEM

Casquete: década de 1960 — 138

Minibarrete com pompom (Ann-Marie Faulkner Millinery).

Luvas: *décadas de 1920 a 1960*

NO PASSADO

Embora tenham sempre a mesma forma básica, as luvas são feitas em uma variedade de tecidos, cores e comprimentos e servem a diferentes finalidades. Elas têm sido um item de moda e um símbolo de *status* há séculos e até os anos 1960 foram consideradas uma peça essencial do traje feminino para o dia. As luvas de algodão branco ou creme eram em geral usadas durante o dia, e as versões de crochê, no verão.

A partir da década de 1970, as luvas comumente passaram a ser feitas de lã ou couro e a ser usadas durante o dia para aquecer, e não como um acessório de moda. Para a noite, elas têm se mantido populares até os dias de hoje, estando disponíveis em diversos comprimentos: na altura do punho, do cotovelo e ainda mais longas. Feitas em cetim ou em um tecido fino, como pelica ou camurça, elas conferem um toque de elegância ao traje formal.

QUEM: Dents e Pittards eram famosos fabricantes de luvas.

POR QUÊ: Elas conferem elegância a um traje.

VARIAÇÕES: Luvas sem dedos ou *mittens*.

MODELAGENS PARA COMBINAR: Vestido de baile, pág. 26; casquete, pág. 138.

HOJE

Luvas de tweed (Marks & Spencer).

HOJE

Luvas com laços (M&Co).

CAPÍTULO 7: ACESSÓRIOS DE CABEÇA E LUVAS

Estilos e usos, no passado e hoje

TECIDO
No passado: O algodão era mais acessível que o couro, além de ser popular no verão. Muitas mulheres tinham um par de luvas de couro para ocasiões especiais. Para a noite, as luvas de pelica ou seda acrescentavam um toque de glamour.

Hoje: Para o dia, as luvas modernas costumam ser feitas em tecidos mais quentes, como a lã ou o couro. As luvas longas para a noite estão disponíveis em cetim com elastano, o que garante um bom ajuste e torna as luvas mais fáceis de colocar e tirar quando comparadas àquelas feitas de tecido rígido e sem elasticidade.

COMPRIMENTO
No passado: As luvas para o dia tinham, muitas vezes, o comprimento do pulso, enquanto as luvas para a noite alcançavam o cotovelo.

Hoje: As luvas estão disponíveis em comprimentos que variam desde o pulso até acima do cotovelo, para a noite.

ESTILO
No passado: Luvas simples para o dia eram o símbolo de uma dama e peça essencial no guarda-roupa feminino.

Hoje: Durante o dia, as luvas modernas costumam ser usadas para aquecer. Elas continuam sendo acessórios populares para a noite e situações formais, sobretudo em comprimentos mais longos, ultrapassando o cotovelo. Frequentemente, são usadas com vestidos de noivas, de formatura ou de debutante.

CORES
No passado: As luvas eram usadas em uma cor que combinasse com a roupa da mulher. E algumas vezes eram tingidas para combinar com sapatos, chapéus ou bolsas.

Hoje: Preto ou branco são as cores mais populares para as luvas usadas em situações formais, em geral contrastando com o vestido – luvas pretas com um vestido branco ou brancas com um vestido preto. Elas também podem ser de tonalidades fortes, como vermelho ou fúcsia, para acrescentar cor e drama ou para combinar com o tom do vestido.

COMBINAÇÕES POSSÍVEIS
No passado: As luvas eram um componente tanto do vestuário do dia quanto da noite, combinadas com ternos ou vestidos de verão e com vestidos de noite.

Hoje: Escolha o comprimento de suas luvas com base no comprimento das mangas do seu vestido. Vestidos sem mangas devem ser usados com luvas bem longas; vestidos com mangas curtas caem melhor com um comprimento de luva até o cotovelo; e vestidos de mangas compridas podem ser usados com luvas do comprimento do pulso.

DICAS DE COSTURA
- Costurar luvas em uma máquina de costura doméstica pode ser desafiador; portanto, utilize um calcador estreito ou costure à mão.
- Use agulha de ponta facetada para costurar couro.
- Descosture um par de luvas que você já tenha e reproduza o traço no papel para fazer a modelagem.

HOJE

Luvas de cetim (acervo pessoal).

A echarpe estampada: *década de 1920 em diante*

A echarpe estampada foi um proeminente acessório de moda em todas as décadas do século XX. Nos anos 1920 e 1930, echarpes longas e com franjas eram usadas amarradas em volta do pescoço, enquanto versões mais curtas eram colocadas em camadas, em um estilo masculino formal. Entretanto, a echarpe estampada tornou-se um sucesso de fato na década de 1940, quando a Hermès virou sinônimo de echarpes quadradas com estampas em estilo cartão-postal.

Foi mais ou menos nessa época que as echarpes começaram a ser usadas no cabelo, mais notoriamente pelas chamadas *Land Girls*, mulheres que serviam na Segunda Guerra Mundial. Os *rockabillies* americanos também se apropriaram do look na década de 1950, usando echarpes com estampas de leopardo, xadrez ou poá em seus cachos cuidadosamente penteados. Comprimentos mais longos e estampas com inspiração oriental tornaram-se parte do glamoroso look boêmio dos anos 1960 e 1970, enquanto estampas extravagantes caracterizaram a década de 1980.

As echarpes quadradas com estampas vintage estão novamente na moda entre aqueles que têm recriado o estilo da década de 1950, ao passo que modelos de algodão mais longos são frouxamente enrolados ao redor do pescoço a fim de criar um look mais casual.

QUEM: Associada a Hermès, cujas echarpes têm sido usadas pela realeza, incluindo a Rainha Elizabeth II e Grace Kelly, que mais tarde se tornaria a Princesa Grace de Mônaco.

POR QUÊ: Versátil, prática e divertida. É usada com frequência como símbolo de *status*.

VARIAÇÕES: Xales maiores e sarongues usados como cobertura foram populares, sobretudo durante o período boêmio dos anos 1970.

ESTILOS SEMELHANTES: Turbante, pág. 134.

MODELAGENS PARA COMBINAR: Calça pantalona, pág. 82.

Lenço de poá (acervo pessoal).

Echarpe de folha de palmeira (Plümo).

CAPÍTULO 7: ACESSÓRIOS DE CABEÇA E LUVAS

Estilos e usos, no passado e hoje

TECIDO
No passado: A seda tem sido, há muito tempo, o tecido preferido para echarpes estampadas, mas o algodão também era usado em looks para o dia.

Hoje: Assim como a seda e o algodão, o poliéster e o náilon são utilizados para produzir echarpes estampadas.

COMPRIMENTO
No passado: Na década de 1920, echarpes longas e com franjas eram usadas em volta do pescoço, sendo substituídas pelos estilos quadrados até os anos 1960 e 1970, quando o look glamoroso boêmio viu muitos materiais entrarem na moda.

Hoje: Echarpes quadradas de inspiração vintage estão outra vez na moda, sendo usadas no pescoço ou amarradas no cabelo, e echarpes mais longas são usadas frouxamente ao redor do pescoço.

ESTILO
No passado: Motivos *déco* e cenas de cartão-postal; estampas de leopardo, de frutas e florais; padrões de inspiração oriental e temas náuticos; todos apareceram em echarpes entre os anos 1920 e 1980.

Hoje: As echarpes quadradas de seda com estampas inspiradas em cenas de cartão-postal estão novamente na moda entre os adeptos de um estilo retrô, enquanto aquelas com estampas florais tradicionais ou de leopardo, caveira e animais são populares para os modelos mais longos.

CORES
No passado: A contínua popularidade da echarpe estampada deve muito à ampla variedade de cores e desenhos utilizados nos novos modelos para atender à moda de cada década.

Hoje: Echarpes florais em tom pastel, com estampas vibrantes de inspiração oriental, com detalhes em neon ou estampas de animal estão entre os estilos recentemente mostrados nas passarelas das semanas de moda e nas principais lojas.

COMBINAÇÕES POSSÍVEIS
No passado: Usadas com tudo, desde vestidos e terninhos até macacões *Land Girl*.

Hoje: Comprovando que a echarpe estampada continua sendo um dos acessórios mais versáteis da moda, as echarpes vintage ou as modernas são usadas com roupas que variam de vestidos formais a combinações confortáveis de jeans e camiseta ou como enfeites em bolsas. As estampas de echarpes apareceram até mesmo em vestidos, blusas, camisas e saias nas recentes coleções primavera/verão.

DICAS DE COSTURA
- Adicione rendas, crochê ou franjas a uma echarpe já pronta.
- Adicione uma borda ondulada utilizando a técnica descrita na página 182.
- Costure echarpes juntas, de modo a criar um saiote ou uma jaqueta estilo quimono.

HOJE

Lenço de poá (acervo pessoal).

O turbante: década de 1920 em diante

NO PASSADO

Tradicionalmente feito a partir de uma longa echarpe de linho fino, algodão ou seda e usado em torno da cabeça, o turbante foi, de tempos em tempos, um acessório de cabeça bastante popular ao longo do século XX.

Os turbantes ganharam destaque como item da moda para as mulheres ocidentais, pela primeira vez, no início do século XX, quando o estilista francês Paul Poiret criou turbantes combinados com calças saruel e túnicas de inspiração oriental. Durante os anos 1930, o turbante se tornou um tipo de chapéu muito popular, adaptado pelos designers de chapéus com o formato um tanto pontudo pelo qual, agora, é familiar.

Os turbantes entraram e saíram de moda esporadicamente ao longo das décadas, sendo populares por um curto período tanto para o dia como para a noite nos anos 1930, 1960 e 1980. O ano de 2007 também assistiu a um ressurgimento do turbante, com modelos de influência oriental vistos em muitas passarelas, sobretudo na Prada.

QUEM: O estilista francês Paul Poiret alçou os turbantes às principais tendências de moda.

POR QUÊ: Feito a partir de uma variedade de tecidos versáteis, o turbante era uma nova forma de usar acessórios de cabeça.

VARIAÇÕES: Existem diversas maneiras de amarrar os turbantes, cada uma resultando em um look diferente. Eles também podem ser decorados com broches e penas, para adquirir sofisticação extra.

ESTILOS SEMELHANTES: Echarpe estampada, pág. 132.

MODELAGENS PARA COMBINAR: Vestido de cintura baixa, pág. 22.

HOJE

Turbante com paetês (Accessorize).

CAPÍTULO 7: ACESSÓRIOS DE CABEÇA E LUVAS

Estilos e usos, no passado e hoje

TECIDO
No passado: Feitos de algodão para uso diário e de cetim e seda para a noite. Chita e organdi também eram populares.

Hoje: Seda e cetim de seda são escolhas frequentes. Não raro, os turbantes são considerados um acessório de alta-costura.

COMPRIMENTO
No passado: Os turbantes tradicionais podiam medir até 7 m de comprimento para alcançar a altura desejada quando enrolados à cabeça.

Hoje: Os modelos tradicionais ainda podem ser bastante longos, ao passo que os vistos na passarela, muitas vezes, são modelos já pré-montados no formato de turbante.

ESTILO
No passado: Na década de 1940, o turbante costumava ser usado como um simples item de segurança para evitar que o cabelo do usuário pudesse ficar preso na maquinaria da fábrica, além de ser útil para disfarçar o cabelo despenteado. Nos anos 1960, ele caiu um pouco em desuso e passou a ser associado aos emergentes.

Hoje: Os turbantes usados para criar um visual moderno nos dias de hoje vêm, na maioria das vezes, prontos, de modo que o usuário pode simplesmente colocá-lo sobre seu cabelo.

CORES
No passado: Nos anos 1960, as cores eram brilhantes, com modelos em vermelho, azul, verde e quadriculado, todos populares.

Hoje: Os turbantes são usados em uma gama de cores, com especial destaque para os em ouro e prata metálicos.

COMBINAÇÕES POSSÍVEIS
No passado: Usados com enfeites de fita de seda, estolas de pele e casacos de gola alta, os turbantes conferiam um ar de sofisticação.

Hoje: Tomando como inspiração os lugares em que os turbantes são tradicionais, recentemente, eles foram combinados a calças saruel e jaquetas curtas.

DICAS DE COSTURA
- É possível fazer uma faixa de cabelo no estilo de turbante usando partes de malha jérsei. Pegue duas partes de malha jérsei com o dobro da largura desejada e com a metade da medida da cabeça. Adicione margens de costura e desvire, deixando uma pequena borda aberta. Dobre ambas as partes ao meio e una as duas peças. Para finalizar, costure as bordas inacabadas juntas.

Turbante chique (Topshop).

Turbante feito à mão (acervo pessoal).

Casquete: década de 1960

Casquetes são pequenos chapéus que têm laterais eretas, topo plano e não possuem abas. Historicamente, as casquetes eram usadas como um protetor de cabeça militar que vinha com uma tira de segurança que prendia em torno do queixo. Elas se tornaram um item da moda na década de 1930, embora tenha sido Jacqueline Kennedy, a primeira-dama dos Estados Unidos, quem as popularizou no início dos anos 1960. Classicamente, a casquete é pequena o bastante para que possa ser fixada na cabeça com grampos de cabelo. Colocá-la em diferentes ângulos, como no topo ou na parte de trás da cabeça, resulta em diferentes looks, desde coquetes até dramáticos, e o próprio formato ajuda a acentuar suavemente as características faciais.

As casquetes eram usadas com frequência como acessórios para penteados bufantes, populares nos anos 1960. Em geral, eram usadas em cores lisas, para um look clássico e discreto, ou decoradas com lenços, joias, pedrarias, tranças, fitas e flores, para um look mais elegante.

QUEM: É atribuída a Cristobal Balenciaga a criação da casquete no início da década de 1950. Oleg Cassini foi o principal estilista de Jacqueline Kennedy e é reconhecido pela criação de suas inconfundíveis casquetes.

POR QUÊ: A casquete foi considerada um símbolo da alta moda formal influenciado pelo estilo de Jacqueline Kennedy.

VARIAÇÕES: As casquetes eram usadas lisas ou adornadas com enfeites.

ESTILOS SEMELHANTES: Turbante, pág. 134.

MODELAGENS PARA COMBINAR: Saia de pregas, pág. 66; jaqueta *boxy*, pág. 102.

Casquete prateada (Ann-Marie Faulkner Millinery).

CAPÍTULO 7: ACESSÓRIOS DE CABEÇA E LUVAS — 137

Estilos e usos, no passado e hoje

TECIDO
No passado: As casquetes costumavam ser feitas de material resistente, como feltro.

Hoje: Atualmente, todos os tipos de tecidos são usados para fazer as casquetes, desde algodão até veludo e pele.

COMPRIMENTO
No passado: Na década de 1960, as casquetes eram pequenas, redondas e lisas ou decoradas com enfeites elegantes.

Hoje: Os estilos modernos são muito mais ousados e estão disponíveis em uma variedade de formas e cores.

ESTILO
No passado: As casquetes estavam disponíveis em diversos tamanhos. Algumas se encaixavam na cabeça como um chapéu comum, mas muitas eram pequenas e projetadas para assentar no topo da cabeça. Os formatos costumavam ser circular ou oval.

Hoje: Os tamanhos são os mesmos de antes, mas as casquetes de hoje estão disponíveis em uma ampla variedade de formatos, incluindo forma de coração e de lágrima.

CORES
No passado: Para ocasiões mais formais, como casamentos e jantares, usavam-se cores puras. O mais importante era certificar-se de que as casquetes combinavam com a cor da roupa.

Hoje: Estão disponíveis em uma variedade enorme de cores. Muitas vezes, são usadas como peças de destaque (em vez de se misturar com a roupa), apresentando modelos e acabamentos arrojados.

COMBINAÇÕES POSSÍVEIS
No passado: Jacqueline Kennedy frequentemente usava esse tipo de chapéu como acessório para terninhos de lã com botões e um penteado bufante. Na década de 1960, as casquetes também eram muito usadas com vestidos trapézio ou ainda presas a véus como arranjo de casamento.

Hoje: Para um look clássico, combine o acessório com um terninho com saia ou um vestido tubinho, jaqueta de tweed, bolsa estruturada, saltos e um colar de pérolas. O segredo para conseguir um visual clássico é fazer com que a casquete combine com sua roupa. Outra forma de usá-las é com uma roupa simples e a casquete como peça de destaque, em uma cor ou padrão ousados. Para casamentos, combine a casquete com um véu curto e um vestido acinturado.

DICAS DE COSTURA
- Para obter um acabamento profissional, você pode comprar uma base de chapéu de um fornecedor de chapelaria em vez de usar entretelas.
- Brinque com o tamanho e o formato do seu chapéu: experimente um chapéu oval, em forma de lágrima ou de coração.
- Faça experiências com enfeites diversos, como pedrarias, tules e apliques.
- Se você optar por um tecido leve, use uma entretela termocolante pesada. Isso irá garantir que o seu chapéu fique firme o suficiente para se manter na posição por conta própria.

HOJE

Casquete do tipo *fascinator* (acervo pessoal).

Casquete: década de 1960

ESPECIFICAÇÃO DA PEÇA

Esta casquete pode ser decorada de diversas formas ou pode ser mantida lisa. Pense na possibilidade de usar veludo ou tecidos de lã. As indicações a seguir descrevem as instruções de costura para um chapéu circular de borda enviesada, mas também fornecemos a modelagem para um chapéu oval de borda reta. As instruções de montagem são intercambiáveis.

Casquete redonda (tamanho único)	(cm)
Circunferência	60,5
Altura	7
Casquete oval (tamanho único)	**(cm)**
Circunferência	51
Altura	7

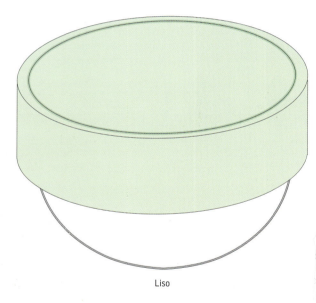

Liso

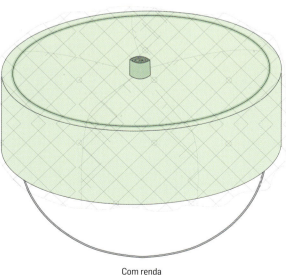

Com renda

CAPÍTULO 7: ACESSÓRIOS DE CABEÇA E LUVAS

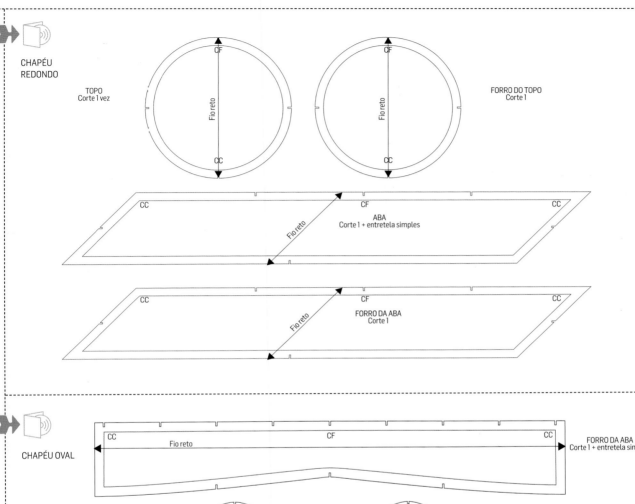

CHAPÉU REDONDO

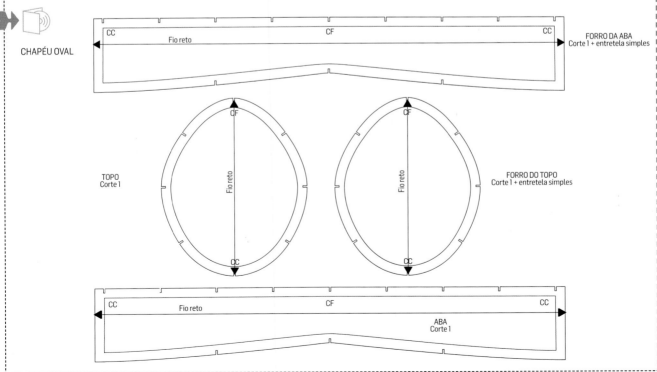

CHAPÉU OVAL

CC: centro-costas   CF: centro-frente

DICA PARA A MODELAGEM

Este chapéu requer uma entretela simples para se manter estruturado. Use entretelas, se possível, ou será preciso improvisar com os materiais que você tiver à mão.

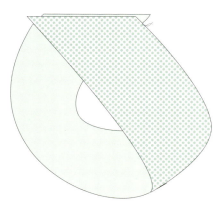

INSTRUÇÕES PARA A MONTAGEM

(1) Com direito sobre direito, costure a aba do chapéu ao longo da costura central da parte de trás. **(2)** Abra a costura e refile qualquer excesso nas margens de costura. **(3)** Mantendo direito sobre direito, costure o topo à aba, tomando muito cuidado para fazer coincidir os piques. Tente evitar achatar as peças à medida que as costurar juntas, o que pode criar rugas indesejáveis já que o excesso de tecido é pego durante a costura. Em vez disso, tente manter um formato curvado à medida que coloca a peça na máquina. Faça um pesponto embutido somente na margem de costura da borda. **(4)** Faça um corte chanfrado na margem de costura para remover o excesso de tecido, se necessário, e vire a peça para o direito. Vaporize a peça dando o formato do chapéu. **(5)** Repita as etapas 1 a 4 para montar o forro do chapéu. **(6)** Com avesso sobre avesso, coloque o forro no chapéu. **(7)** Coloque uma tira de viés ou trançada no exterior do chapéu e alfinete-a na posição correta. Coloque um pedaço de elástico entre o chapéu e a tira e faça um pesponto na posição, tomando o cuidado de prender todas as camadas. **(8)** Vire a tira do avesso, corte as sobras do elástico e prenda-a na posição correta à mão. **(9)** Decore como desejar. Esta ilustração mostra uma peça com tule levemente franzido e um pedaço de fita enrolada. Mais ideias de adornos são sugeridas na pág. 180.

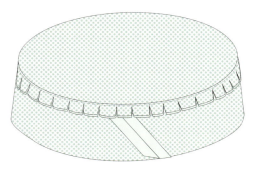

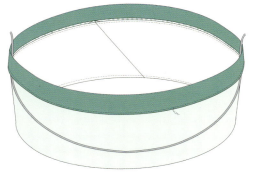

CAPÍTULO 7: ACESSÓRIOS DE CABEÇA E LUVAS

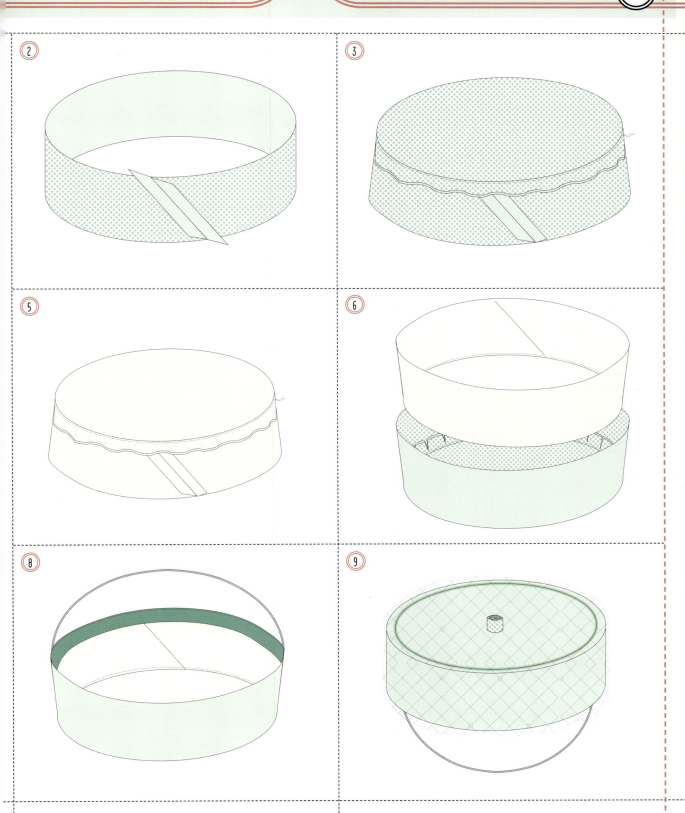

CAPÍTULO 8: CONCEITOS BÁSICOS DE COSTURA

CAPÍTULO 8
Conceitos básicos de costura

Este capítulo aborda algumas técnicas úteis para que você possa criar suas próprias peças com inspiração vintage. Ele descreve as etapas pelas quais você precisa passar antes de começar a fazer sua roupa, desde a compreensão dos termos e símbolos utilizados nas modelagens comerciais e como ajustar uma modelagem para adequá-la às suas necessidades e medidas até a última etapa essencial: como cortar e marcar o tecido da forma mais eficiente e com melhor aproveitamento do material.

Anotações na modelagem	144
Medidas-padrão	146
Como ajustar a modelagem	148
Como encaixar os moldes e cortar o tecido	156

Estola de plumas (AW12 Womenswear Model Images).

Anotações na modelagem

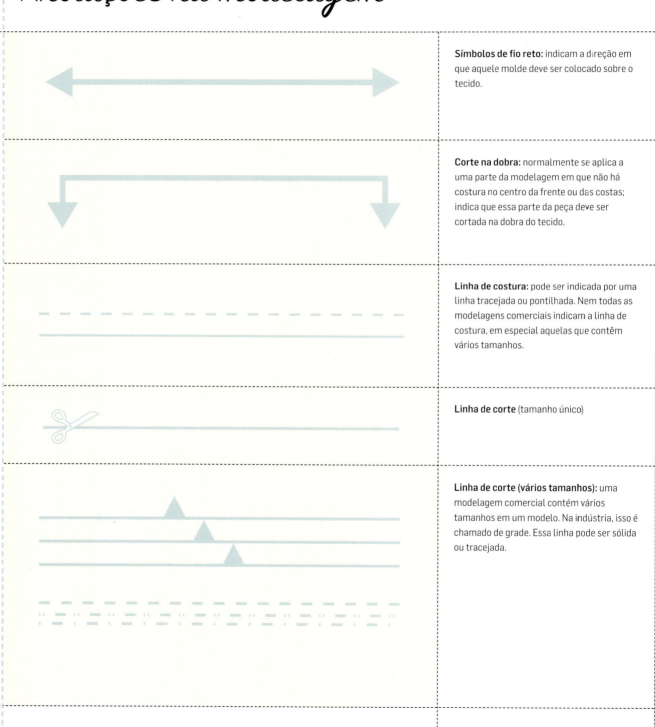

Símbolos de fio reto: indicam a direção em que aquele molde deve ser colocado sobre o tecido.

Corte na dobra: normalmente se aplica a uma parte da modelagem em que não há costura no centro da frente ou das costas; indica que essa parte da peça deve ser cortada na dobra do tecido.

Linha de costura: pode ser indicada por uma linha tracejada ou pontilhada. Nem todas as modelagens comerciais indicam a linha de costura, em especial aquelas que contêm vários tamanhos.

Linha de corte (tamanho único)

Linha de corte (vários tamanhos): uma modelagem comercial contém vários tamanhos em um modelo. Na indústria, isso é chamado de grade. Essa linha pode ser sólida ou tracejada.

CAPÍTULO 8: CONCEITOS BÁSICOS DE COSTURA 145

	Símbolos de pregas: indicam a posição da prega e a direção da dobra da prega.
	Posição da casa do botão
	Posição do botão
	Marcação pique interno/ponto: indicam pontos exatos de encaixe ou de montagem dentro do molde, como o ápice da pence. Marque com alinhavo ou giz de alfaiate.
	Piques: triângulos sólidos; em modelagens comerciais, costumam indicar as posições dos piques em costuras individuais que precisam ser alinhadas enquanto se produz a peça. Um triângulo duplo indica uma peça de modelagem das costas. Ao longo deste livro, os piques estão indicados com um retângulo aberto, mas têm a mesma função.

Medidas-padrão

Comece medindo o busto em sua parte mais larga. Deixe que a fita levante cerca de 2,5 cm na parte central das costas. Se a fita cair, a medida vai diminuir e o tamanho resultante ficará muito apertado. Compare as medidas que você tem com as da tabela para encontrar as mais próximas ao tamanho do busto. Se as roupas compradas em lojas costumam servir bem, pode ser que você ache que, em média, essas medidas convencionadas apresentam bons resultados. Se suas medidas diferirem significativamente daquelas no gráfico abaixo, pode ser necessário ajustar as modelagens (ver págs. 148-155).

POSTURA NATURAL

Peça para a pessoa que você está medindo que fique em pé, com uma postura natural, olhando para a frente. Em geral, as pessoas não têm uma postura muito ereta, portanto atente a isso durante a medição.

Tamanhos		P (cm)	M (cm)	G (cm)	GG (cm)
1	Busto	83	88	93	98
2	Cintura	65	70	75	80
3	Quadril	89	94	99	104
4	Largura das costas	31,90	34,40	36,90	39,40
5	Ombro	11,95	12,25	12,55	12,85
6	Circunferência do pescoço	35,80	37	38,20	39,40
7	Circunferência do braço	26,60	28,40	30,20	32
8	Centro-costas (da nuca à cintura)	40,40	41	41,60	42,20
9	Profundidade da cava	20,20	21	21,80	22,60
10	Da cintura ao joelho	57,90	58,50	59,10	59,10
11	Cintura ao quadril	20,60	20,60	20,60	20,60
12	Cintura ao chão	103,40	104	104,60	105,20
13	Altura do gancho	27,40	28	28,60	29,20
14	Comprimento da manga	58,10	58,50	58,90	59,30

CAPÍTULO 8: CONCEITOS BÁSICOS DE COSTURA

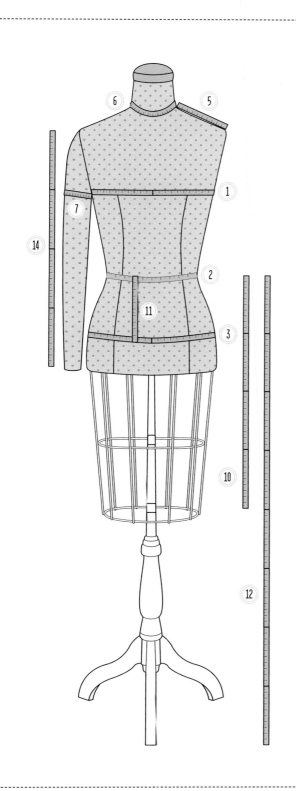
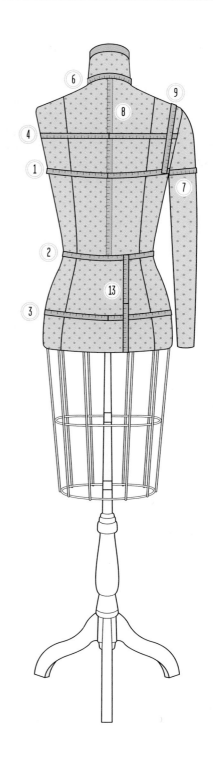

Como ajustar a modelagem

Você pode fazer os ajustes iniciais de comprimento e largura na sua própria modelagem antes de cortar a tela (protótipo). Outras alterações necessárias podem ficar evidentes apenas quando a roupa for provada pela primeira vez. Coloque a tela sobre o corpo ou sobre o manequim com o lado direito voltado para o corpo e as margens de costura para fora, assim fica mais fácil desmanchar as costuras e alfinetar o que deve ser alterado.

Comprimento

Você pode ajustar o comprimento de uma modelagem afastando ou sobrepondo a mode.agem em toda a sua largura. Estes diagramas mostram como ajustar o comprimento de: **(1)** mangas, **(2)** uma saia e **(3)** um vestido/corpete. O bloco vestido/corpete mostra como ajustar tanto acima como abaixo da cintura. Depois de comparar suas medidas com a modelagem, pode ser que vccê considere que apenas um desses ajustes seja necessário (isto é, ou acima ou abaixo da cintura).

1

Posição dos ajustes na modelagem

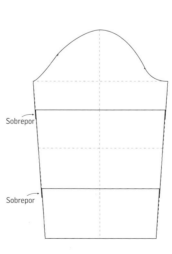

Encurtar

Alongar

CAPÍTULO 8: CONCEITOS BÁSICOS DE COSTURA

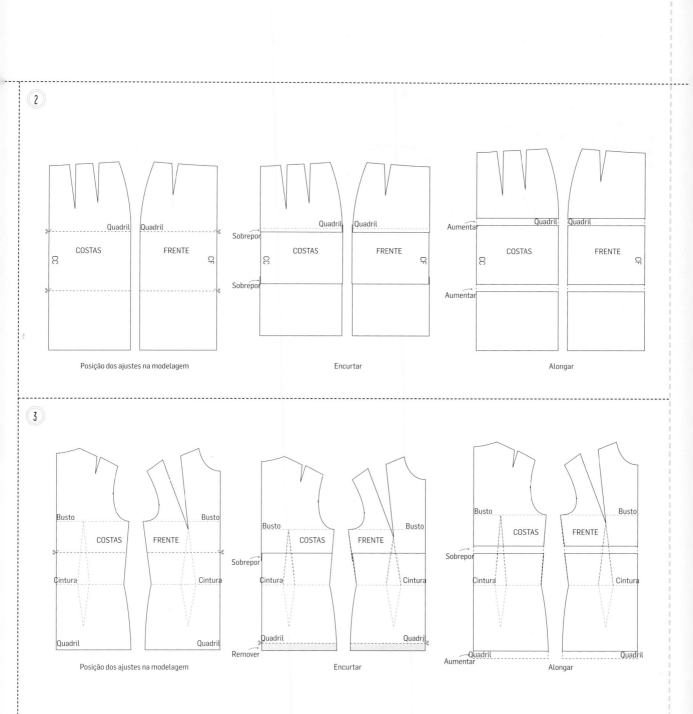

Largura

Se você estiver fazendo ajustes de largura em uma peça cuja frente ou cujas costas sejam formadas por mais de uma parte, distribua a largura igualmente entre todas essas partes ao desenhar a modelagem. Você pode fazer um aumento básico de 2,5 cm ou menos nas costuras laterais. Se precisar aumentar a largura somente na cintura ou no quadril, basta fazer o ajuste nessas partes da modelagem. Não faça ajustes de largura na cava ou no decote, pois isso irá comprometer a modelagem e prejudicar o caimento. Sempre que fizer alguma alteração na modelagem, ajuste também as demais peças que se juntam às partes alteradas, como revéis e costuras laterais ou na cintura, se necessário.

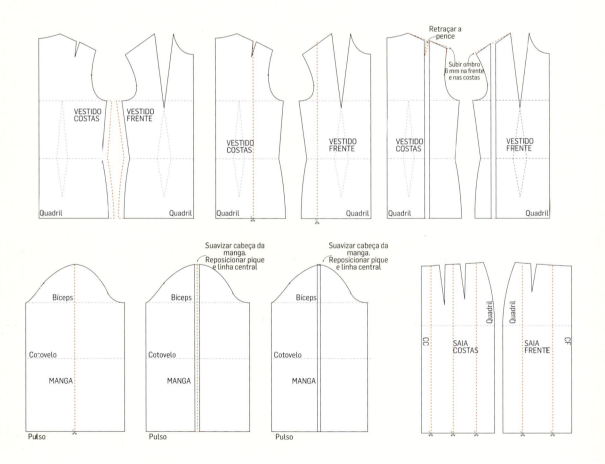

CC: centro-costas   CF: centro-frente

Ombros

Estas adaptações garantirão que suas roupas tenham caimento correto no ombro. **(1)** Os ombros e a cabeça da manga cairão sem suporte sobre ombros estreitos. **(2)** Para consertar isso, corte a modelagem conforme mostrado e prenda essa parte para tirar largura do ombro. Redesenhe a linha do ombro e a margem de costura. **(3)** As rugas na borda e no ombro indicam que o tamanho da peça não está suficiente para os ombros. **(4)** Para corrigir isso, corte a modelagem como mostrado e, segurando no ponto inferior, gire essa parte cortada de modo a aumentar a largura nos ombros. Retrace a linha do ombro e as margens de costura.

Ombros e cabeça da manga caídos

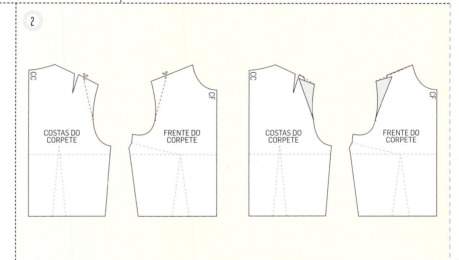

Ombros e cabeça da manga enrugados

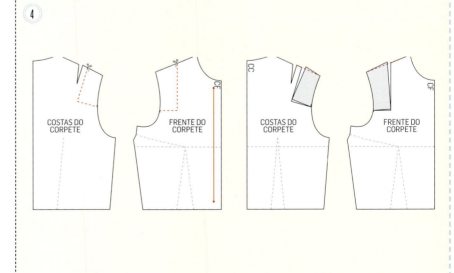

CC: centro-costas CF: centro-frente

Mangas

Além de serem desconfortáveis, mangas mal ajustadas prejudicam a aparência da roupa. **(1)** Dobras diagonais na parte frontal ou traseira da cava indicam uma má distribuição da folga. Esse erro costuma ser cometido na fase de confecção, quando a folga não está distribuída corretamente durante a costura à máquina. Para consertar isso, descosture a manga e suavize a folga excedente para a frente ou para trás da cabeça da manga, conforme necessário. **(2)** Um braço muito grosso fará com que sua tela repuxe, causando desconforto. **(3)** Para consertar isso, corte e amplie a frente e as costas da manga para dar mais espaço para o ombro. Também pode ser necessário acrescentar altura à cabeça da manga. O corpo vai precisar também de espaço extra na cava; gire sobre o eixo as partes cortadas e retrace a cava e a pence, se tiver sido afetada. Ajuste as margens da costura. **(4)** O excesso de tecido vai ceder e enrugar à medida que ele cair sobre um braço muito fino. **(5)** Para corrigir esse problema, corte a manga no comprimento e sobreponha o tamanho desejado. Levante a cava tanto na parte da frente quanto nas costas.

①

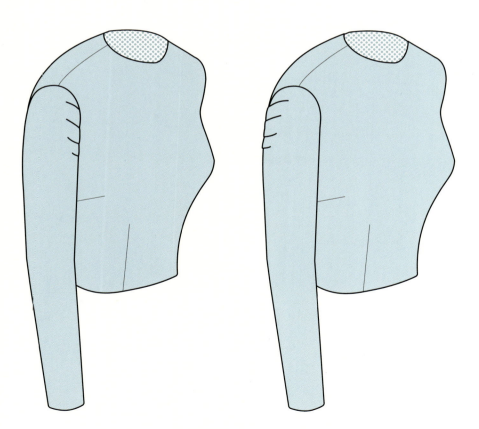

Folga mal distribuída

CAPÍTULO 8: CONCEITOS BÁSICOS DE COSTURA 153

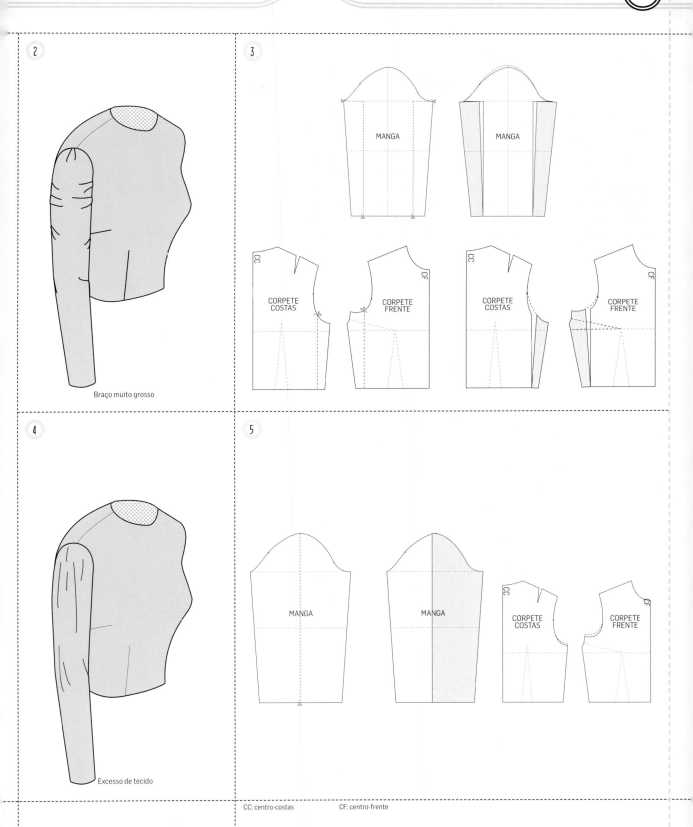

Busto

Estas adaptações ajudarão a corrigir problemas de caimento na área do busto.
(1) Um busto pequeno fará com que sua roupa desmorone e enrugue nessa região. **(2)** Para consertar isso, corte sua modelagem em quatro partes iguais no centro da pence da cintura e do busto. Sobreponha as peças na quantidade necessária e retrace o ombro e as margens de costura. Você também deve ajustar todas as peças da saia que serão costuradas à cintura para acomodar a diminuição na medida da cintura. **(3)** Um busto grande fará com que sua roupa fique esticada nessa região. **(4)** Para corrigir isso, corte a peça da modelagem em quatro partes iguais ao longo do centro da pence da cintura e do busto. Abra as peças até o tamanho necessário e redesenhe a pence da cintura e do busto, com atenção à largura da base da pence, que é maior. Você também precisará ajustar as peças da saia que serão costuradas à cintura de modo a acomodar o aumento da medida da cintura.

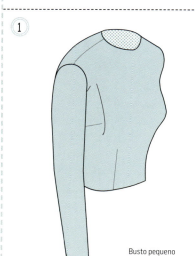

Busto pequeno

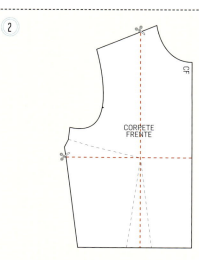

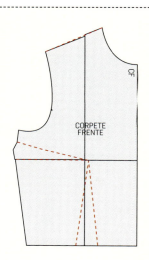

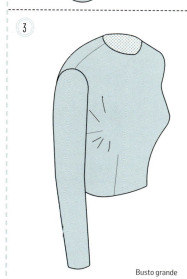

Busto grande

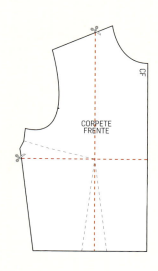

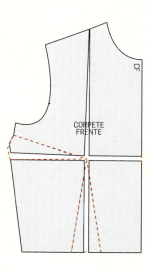

CF: centro-frente

Costas

Os ajustes a seguir podem resolver problemas de caimento nas costas. **(1)** Costas estreitas farão com que sua roupa desmorone sobre as escápulas. **(2)** Para consertar isso, desenhe duas linhas, conectando cada lado da pence do ombro à base da pence da cintura. Se o seu modelo não tiver pence no ombro, reduza a parte da frente da linha dos ombros para encaixar. **(3)** Uma peça sem espaço suficiente para costas largas vai enrugar sobre os ombros, além de repuxar as cavas e, a menos que você faça correções, limitará o movimento dos braços. **(4)** Para corrigir isso, corte a peça da modelagem conforme indicado no diagrama, movendo a parte solta para aumentar a largura da parte superior das costas. Redesenhe a costura lateral e a pence do ombro, prestando atenção à posição da pence mais larga do ombro, se for o caso. Se não, pode ser necessário criar uma para reduzir a diferença na parte de trás da linha dos ombros, em comparação com a da frente.

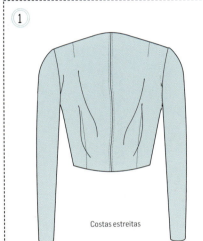

Costas estreitas

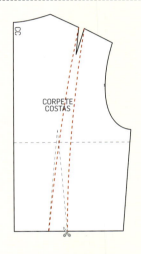

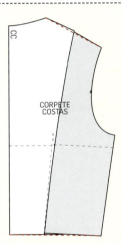

Costas largas

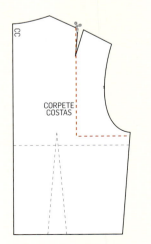

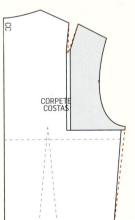

CC: centro-costas

Como encaixar os moldes e cortar o tecido

O cuidado durante os estágios de desenho, corte e marcação da montagem da peça garante que você consiga que ela tenha o melhor caimento e a melhor aparência possível, assim como possibilita um melhor aproveitamento do tecido.

Fio reto

Tecidos planos são feitos de fios de trama e de urdume, o que dá a eles seu fio reto. Fios de urdume são mais rígidos e percorrem todo o comprimento do tecido, tornando-o menos suscetível a esticar muito. Os fios da trama são entrelaçados por cima e por baixo dos fios do urdume, ao longo de sua largura, permitindo que o tecido ceda um pouco. Isso faz com que o fio da trama seja especialmente adequado para cair na melhor posição no corpo. O verdadeiro viés de um tecido o percorre em um ângulo de 45°. Como não há fios correndo diretamente nesse sentido, o tecido tem aí sua elasticidade máxima. Roupas cortadas no viés se moldam e esticam no corpo; lingeries, vestidos de noite e muitos modelos dos anos 1930 costumam apresentar corte enviesado. Quando as fibras são tecidas, as bordas do tecido recebem um acabamento firme para evitar que ele desfie. Esse acabamento recebe o nome de ourela. O fio reto de um tecido plano afeta a maneira como uma peça vai vestir, ou seja, afeta o seu caimento. Cortar suas peças "fora do fio", mesmo que seja em nome da economia de tecido, pode deformar e torcer a peça acabada, comprometendo sua aparência.

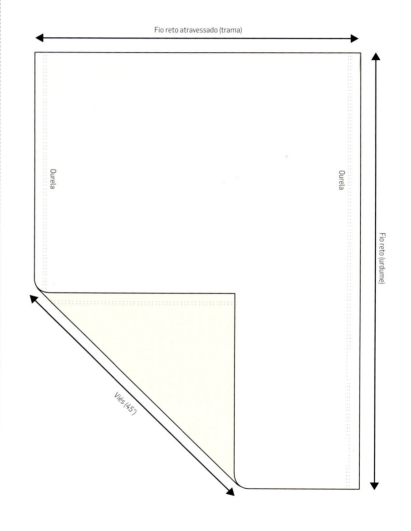

CAPÍTULO 8: CONCEITOS BÁSICOS DE COSTURA

Encaixando a modelagem

Antes de cortar as partes de sua modelagem, verifique se o fio reto do tecido não foi alterado durante os processos de estampagem, acabamento ou dobra. Para ver se o tecido está com o fio realmente reto, estique as extremidades, faça um pique com a tesoura na ourela e, se possível, puxe um fio da trama e corte neste fio puxado toda a largura do tecido. Muitos tecidos rasgam com facilidade na largura. Depois de fazer esse pique na ourela, pode-se, em vez de puxar o fio, rasgar o tecido de ourela a ourela. Entretanto, seja cuidadoso ao usar esse método, já que ele pode repuxar os fios de urdume de alguns tecidos. Coloque o tecido sobre uma superfície plana, dobrando e prendendo-o de ourela a ourela. Se o tecido estiver plano, os fios de urdume e trama estarão entrelaçados em ângulos retos, o que significa que ele está pronto para uso. Para endireitar um tecido que esteja com os fios inclinados, puxe-o suavemente na posição enviesada (45°), trabalhando por toda a extensão do tecido. Prensá-lo com bastante vapor deve garantir que ele permaneça na posição correta. Quando você colocar suas peças de modelagem no tecido, antes de cortá-las, use uma fita métrica ou uma régua de modelagem para checar se elas estão alinhadas corretamente com os fios retos.

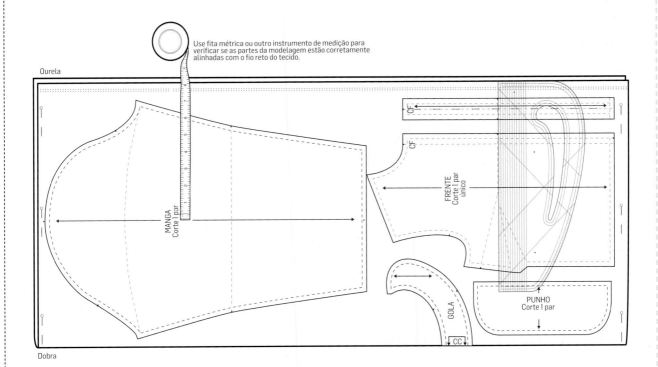

Use fita métrica ou outro instrumento de medição para verificar se as partes da modelagem estão corretamente alinhadas com o fio reto do tecido.

CC: centro-costas   CF: centro-frente

CAPÍTULO 9
Montagem

Este capítulo apresenta os estágios básicos para a montagem de uma roupa. As costuras, por exemplo, são fundamentais, pois constituem a estrutura da peça. A escolha da costura correta melhora a aparência da roupa e define sua durabilidade, ao passo que a escolha da bainha é primordial para se alcançar um acabamento profissional. A colocação de zíperes ou de uma abertura lateral é uma maneira simples de se adaptar uma roupa. E adornos como rolotês e laços podem dar um toque especial à peça que você deseja confeccionar.

Pences	160
Franzidos	161
Mangas: método tubular ou montado	162
Costuras	163
Bainhas	170
Aberturas laterais	172
Bolsos	174
Zíperes	176
Rolotês	177
Laços	180
Ondulados	182

Saia sereia
(Dollchops Clothing).

Pences

Pence simples

A pence simples é formada por piques na margem da costura e uma marcação de um ponto na extremidade do ápice. O ápice deve ser marcado com alinhavo de alfaiate ou com qualquer outro método de marcação. Para costurar uma pence básica simples, dobre o tecido ao meio, mantendo direito sobre direito, e una os piques. Alfinete na posição e costure ao longo da linha da pence em direção à extremidade. Quando alcançar a ponta da pence, reduza o comprimento da costura em vez de fazer um retrocesso; do contrário, uma bolha disforme poderá se formar. Finalize amarrando as pontas dos fios soltos.

Pence de contorno da cintura

As pences de contorno de cintura possuem um formato de diamante e conferem um bom caimento do busto até a cintura e o quadril. A largura e as extremidades superior e inferior são marcadas com pontos de marcação. Para executar essa pence, dobre o tecido com direito sobre direito e costure a partir do centro da pence até as extremidades superior e inferior, reduzindo o comprimento da costura como na pence básica simples. Repita o procedimento para concluir a pence.

Pence com prega

Uma pence com prega é costurada apenas até a metade do comprimento da pence marcada no molde e pode ser usada no lugar da pence simples ou de contorno. Para converter uma pence simples em uma com prega, basta marcar com os pontos parte da linha da pence no molde e transferir apenas estes para o tecido, ignorando o ponto original marcado na extremidade. Dobre o tecido ao meio, mantendo direito sobre direito, encaixando os pontos marcados, e costure usando as novas marcações como guia, fazendo um retrocesso no final para reforçar. Com o ferro, assente suavemente a pence com prega finalizada. Você pode assentar o excesso da pence para um dos lados ou pode dividir igualmente o volume em ambos os lados.

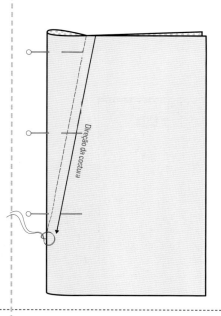
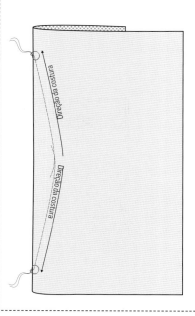
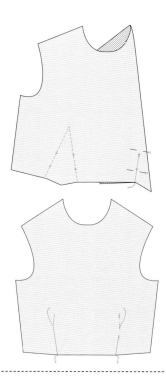

Franzidos

Os moldes geralmente utilizam piques para mostrar uma seção franzida; estes podem encaixar em uma medida menor e com piques de uma parte adjacente. **(1)** Programe a máquina para o maior tamanho de ponto e faça duas linhas de alinhavo à máquina, uma para cada lado da margem de costura. Deixe as pontas dos fios soltos longas e não faça retrocesso em nenhuma das extremidades da costura. A costura do franzido deve se estender um pouco além das marcas dos piques, a fim de assegurar que o franzido seja distribuído de modo uniforme entre os piques. Se não fizer isso, o trecho franzido acabará antes do que deveria. Puxe as pontas dos fios da bobina para franzir o tecido e vá distribuindo-o igualmente entre os piques. **(2)** Volte a máquina para o tamanho de ponto usual e com direito sobre direito case os piques e alfinete na posição. **(3)** Costure sobre o tecido adjacente e remova os pontos de franzido.

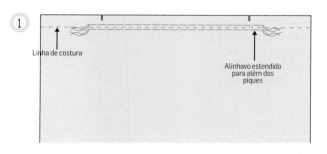

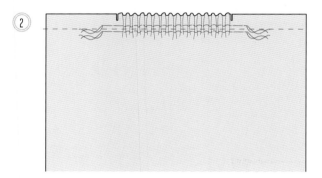

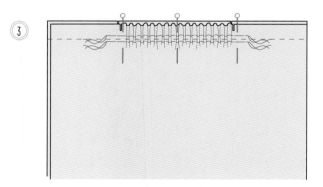

▶ DICA DE COSTURA

Remova os pontos de franzido após finalizar a montagem de cada parte. Fazer os alinhavos com um fio de cor contrastante pode ajudar no momento de remover, já que eles ficarão em destaque no tecido. Mudar apenas o fio da bobina em vez do fio principal de costura irá acelerar o processo.

CAPÍTULO 9: MONTAGEM

Mangas: método tubular ou montado

(1) Programe sua máquina de costura para o maior tamanho de ponto e faça duas linhas de alinhavo entre os piques e dentro da margem de costura. (2) Use o ponto de alinhavo para ajustar a folga na cabeça da manga. Certifique-se de distribuir todo o volume de modo uniforme e perceba a formação da copa no ombro. Feche a manga, costurando-a ao longo de todo o comprimento, abra as margens de costura e vire a peça para o lado direito. (3) Feche as pences, a costura lateral e a costura do ombro e então abra as margens de costura. Vire o corpete para o lado do avesso e insira a manga tubular na cava. Note que o direito da manga deve estar voltado para o direito do corpete. Case os piques e as costuras, alfinetando a manga primeiro nesses pontos. Coloque mais alfinetes em torno da manga uniformemente e alinhave-a à mão para prendê-la no lugar, retirando os alfinetes conforme avança. Vire o corpete para o lado direito a fim de verificar o caimento e o equilíbrio. Quando estiver satisfeita com o posicionamento da manga, vire o corpete de volta para o lado avesso e costure a manga na posição. Certifique-se de que todas as margens de costura estejam na posição correta enquanto você costura.

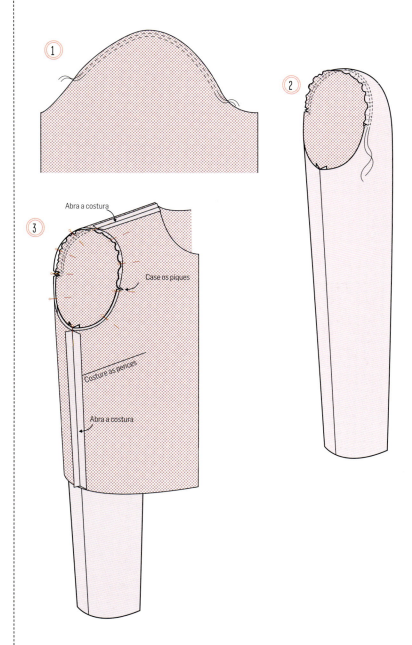

CAPÍTULO 9: MONTAGEM

Costuras

Preparação

(1) Prenda as linhas de costura com alfinete antes de costurar a peça, para garantir que as partes da roupa estejam alinhadas de modo correto. Alfinete primeiro nas extremidades e depois nos piques. Você pode então ir colocando alfinetes ao longo do comprimento da peça, em intervalos de 7,5 a 10 cm. Evite usar muitos alfinetes, pois isso pode dificultar o manuseio na máquina. Prenda os alfinetes perpendicularmente à linha de costura e remova-os antes de passar a peça no calcador. Cuidado para não costurar por cima dos alfinetes, pois isso pode resultar em uma quebra ou em uma irregularidade na linha de costura, e até mesmo na quebra da agulha.

(2) Faça um alinhavo para prender temporariamente as partes da roupa, deixando-as prontas para a costura na máquina. Você pode fazer esse alinhavo à mão, utilizando pontos longos, ou selecionando o maior tamanho de ponto em sua máquina. Não é necessário alinhavar todas as costuras durante a montagem da peça, já que o uso dos alfinetes costuma ser suficiente; no entanto, áreas mais complicadas, como zíperes e mangas, se beneficiarão desse processo.

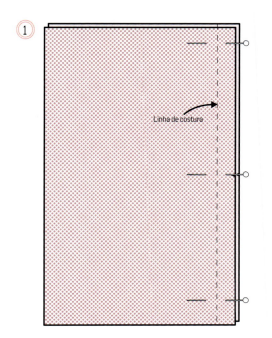

Linha de costura

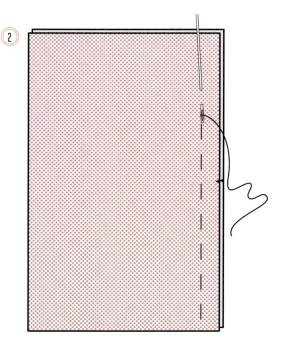

Tipos de costura

COSTURA SIMPLES

A costura simples é o tipo mais comumente utilizado nas peças apresentadas neste livro. **(1)** Com direito sobre direito, costure uma única vez ao longo da margem de costura, geralmente a 6-12 mm da borda. **(2)** Você pode abrir as margens de costura, passando a ferro, para obter uma costura aberta. Essa técnica é muito utilizada em recortes e em costuras laterais para conseguir uma aparência plana no lado direito da peça. **(3)** Outra alternativa é passar a ferro as margens de costura para um dos lados, obtendo uma costura fechada. Essa técnica é comumente utilizada em cós e extremidades de revéis. **(4)** A costura finalizada vista no direito da peça.

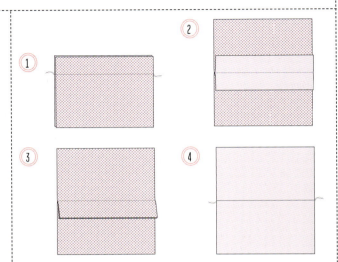

COSTURA FRANCESA OU EMBUTIDA

Essa costura de "autoacabamento" é frequentemente utilizada em tecidos transparentes. É também indicada para peças que são muito usadas e que são lavadas à máquina, como lingeries. Essa costura é utilizada, por exemplo, no calção (página 118). **(1)** Com margens de costura de 1,2 cm, posicione as partes unindo avesso com avesso e de modo que as linhas de costura coincidam. Faça uma costura a 6 mm a partir da borda e apare 3 mm. **(2)** Abra as margens de costura e dobre as costuras mantendo direito sobre direito. **(3)** Faça outra costura a 6 mm da borda. Abra a costura finalizada e passe a ferro para um dos lados.

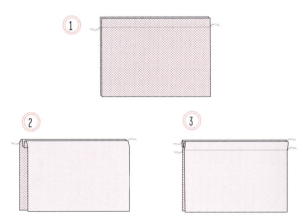

COSTURA REBATIDA

A costura rebatida é indicada para tecidos de peso médio a pesado e utiliza duas peças com margens de costura diferentes; uma com 6 mm e outra com 1,2 cm. Se você estiver usando um molde que não esteja preparado para esta costura, refile uma das margens após o corte do tecido. Se estiver usando um tecido que tende a desfiar, você deve chulear a margem mais longa da costura antes de costurar. **(1)** Chuleie a borda e com direito sobre direito coincida as linhas de costura; costure ao longo dessa linha. **(2)** Passe a ferro a costura, dobrando a borda chuleada por cima da borda mais curta, que não foi chuleada. Vire o tecido para o lado direito e faça um pesponto, de modo que a margem de costura mais longa seja presa na parte de baixo e a borda sem acabamento fique escondida. **(3)** O resultado final apresenta um relevo bem característico.*

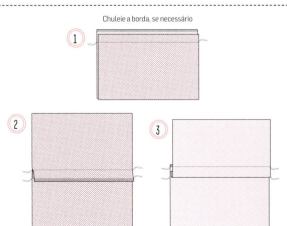

* Nota de RT: Em substituição ao chuleio, pode-se dobrar novamente a parte sem acabamento da borda maior, embutindo também esta borda.

CAPÍTULO 9: MONTAGEM

COSTURA COM VIVO OU CANALETA

Esta costura decorativa pode ser utilizada para aprimorar recortes e pode ser usada com tecidos diversos; contudo, é mais indicada para tecidos leves e médios, pois com tecidos mais grossos pode ficar muito volumosa. Considere esse tipo de costura para fazer o acabamento na borda de uma gola Peter Pan ou de um bolso chapado. Para uma aparência alternativa, você pode remover o cordão quando tiver finalizado a costura. Você pode utilizar uma fita de viés comprada pronta, ou pode confeccionar o próprio viés utilizando seus tecidos e seguindo os passos a seguir. **(1)** Corte uma tira enviesada de tecido para o vivo de 4 cm de largura. Talvez seja preciso juntar duas tiras a fim de alcançar o comprimento desejado. **(2)** Dobre as tiras enviesadas na metade, juntando avesso com avesso e fechando o comprimento do cordão contra a borda dobrada. **(3)** Usando o calcador para zíper, costure uma linha próxima ao cordão. **(4)** Coincidindo as bordas de costura, costure direito com direito a uma das partes da roupa, com o auxílio do calcador do zíper, ao longo da mesma linha. **(5)** Prenda a outra parte da roupa como anteriormente e abra as costuras. **(6)** A costura com vivo vista no lado direito da peça. **(7)** Aparência da costura no avesso.

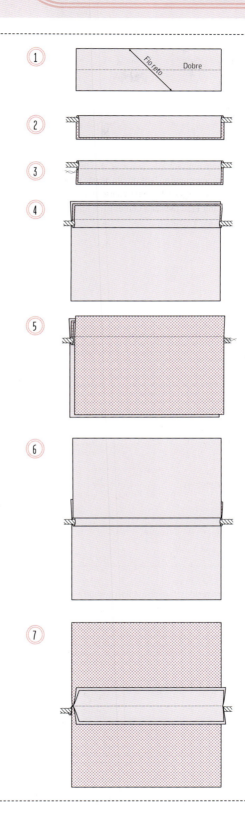

Técnicas de acabamento

CHULEADO
Dependendo do tecido, talvez seja preciso chulear as bordas de uma peça que não tenha forro ou revel, a fim de reduzir o risco de que o tecido desfie durante a montagem e com o uso. Costuras overloque (com ponto cadeia) são evidentes no vestuário manufaturado da década de 1950 e tornaram-se padrão a partir da década de 1960. Caso você não tenha acesso a esse tipo de máquina, costuras em zigue-zague podem ser encontradas na maior parte das máquinas de costura modernas.

PONTO FIXO
O ponto fixo é uma linha permanente de costura de 1,2 cm a partir da borda de corte de uma parte da peça antes da junção. Ajuda a evitar que a peça estique e deforme, especialmente em áreas curvas, como decotes ou cavas.

PESPONTO
O pesponto é uma costura feita a distâncias variadas a partir da borda da costura. Ele reforça a costura e mantém no lugar áreas como os revéis. Geralmente é feito com um ponto de tamanho mais longo na máquina e com uma linha mais espessa do que a utilizada nas costuras. Você pode utilizar uma linha de cor contrastante ou um ponto decorativo, se desejar. Pode também fazer o pesponto em ambos os lados de uma costura ou em apenas um dos lados. O pesponto pode ser particularmente eficiente no contorno de um bolso ou de uma gola.

PESPONTO INVISÍVEL
O pesponto invisível é uma costura quase imperceptível feita muito rente a uma costura já existente ou a uma parte dobrada para fora, como na gola ou no punho de uma blusa ou no cós de uma saia.

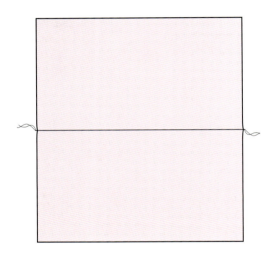

CORTE DOS CANTOS NA DIAGONAL
Conforme as partes da roupa são costuradas umas nas outras, algumas vezes é necessário cortar os cantos das margens de costura na diagonal, para reduzir o volume. **(1)** Costure as partes da roupa. **(2)** Refile a margem de costura em um ângulo de 45°.

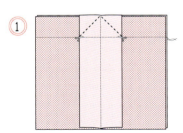

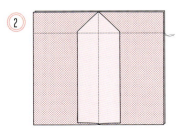

PESPONTO DE FECHAMENTO

O pesponto de fechamento é um pesponto feito bem próximo à borda de uma costura. É ao mesmo tempo decorativo e funcional, servindo para reforçar a costura e também manter no lugar áreas como os revéis. Assim como o pesponto comum, esse tipo de costura é geralmente feito com tamanho de ponto maior que o da costura normal e pode ser aplicado tanto em uma costura aberta **(1)** como em uma costura fechada **(2)**.

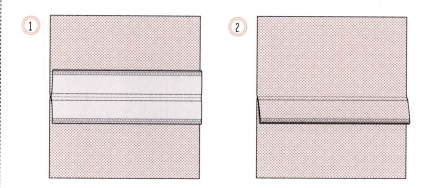

PESPONTO EMBUTIDO

O pesponto embutido é uma linha única de costura de fechamento usada para evitar que o revel em decotes e cavas ou o forro fiquem virando para o lado direito da peça. Quando executado de forma correta, ao contrário do pesponto comum e da costura de fechamento, o pesponto embutido não é visível no lado direito da peça. **(1)** Depois que você tiver feito a costura, prendendo a peça por dentro, assente suavemente ambas as margens de costura para dentro em direção ao revel/forro e então faça o pesponto embutido no lado direito do tecido, pegando as duas margens de costura e também o revel. **(2)** Isso prende a margem de costura ao revel, estabilizando a costura e assegurando que o revel não fique visível na parte de fora da peça.

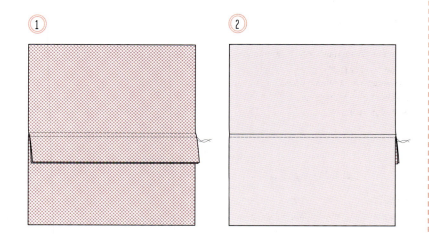

REFILO

As costuras podem ser refiladas com 4 mm ou niveladas em diversas camadas com larguras diferentes, por exemplo, 4 e 7 mm. Isso tira o volume e permite que as costuras fiquem mais planas. O nivelamento em camadas assegura que as margens de costura não deixem uma saliência visível no direito da peça. Se você estiver usando uma combinação de nivelamento e pesponto embutido, certifique-se de finalizar antes o pesponto embutido.

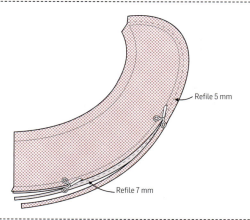

Costura de arremates

VIÉS CASEIRO

O viés é um método versátil de acabamento que esconde a borda sem acabamento do tecido com uma tira de tecido cortada de modo enviesado. Você pode comprar um viés pronto ou confeccioná-lo a partir de tecidos que tiver. **(1)** Corte tiras de 4 cm em um ângulo de 45° em relação ao fio reto. **(2)** Se necessário, una as tiras para conseguir o comprimento desejado.*

* Nota de RT: Lembre-se de, quando unir, certificar-se de que a borda da emenda esteja cortada no fio reto.

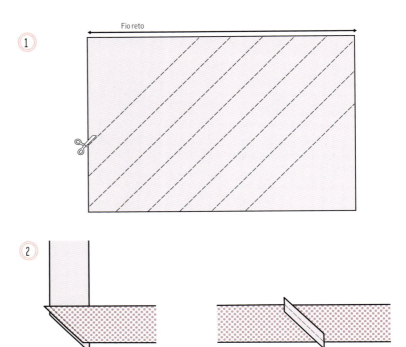

COSTURA ARREMATADA

Você pode utilizar o viés para chulear as costuras em uma peça sem forro ou para finalizar ou decorar bordas, como decotes, cavas, golas e bainhas. Considere a utilização de cores ou tecidos contrastantes para dar um efeito interessante. **(1)** Corte uma tira enviesada de tecido de 4 cm de largura para fazer o viés. Dobre a tira em quatro partes iguais ao longo de seu comprimento ou utilize um fita (gabarito) para dobrar viés, se tiver disponível, e passe a ferro. **(2)** Costure a tira a uma das partes da roupa, com direito sobre direito, ao longo de um dos vincos formados ao fazer as dobras. **(3)** Dobre a tira de viés, depois dobre novamente em direção ao avesso, de modo a esconder a borda sem acabamento, e então passe a ferro. No lado direito da peça, faça uma costura de fechamento ou um pesponto invisível na borda vincada localizada no avesso da peça. Repita o procedimento do outro lado. Una as partes como em uma costura simples.

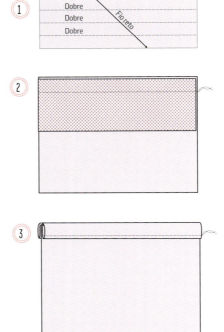

VIÉS EMBUTIDO

Um viés embutido utiliza uma tira enviesada de tecido para chulear bordas como em decotes, cavas ou bainhas, e não é visível no direito da peça. Um viés embutido pode ser finalizado com uma costura de fechamento à máquina ou combinado com uma costura à mão, como mostrado aqui. **(1)** Coloque o lado direito do viés sobre o lado direito da peça, dobrando para dentro a pontinha inicial da tira de viés a fim de obter um melhor acabamento. Essa dobra deve estender as margens de costura para reduzir o volume. **(2)** Costure na posição. Lembre-se de que o final da tira enviesada não precisa ser dobrado. **(3)** Vire a peça para o avesso e dobre a tira enviesada por cima, para esconder as bordas sem acabamento da roupa. Dobre a borda sem acabamento da tira de viés e costure-a na posição.*

---

* Nota de RT: Pode-se também, antes de fazer a costura de fechamento, fazer um pesponto embutido na borda do viés para segurar melhor a dobra.

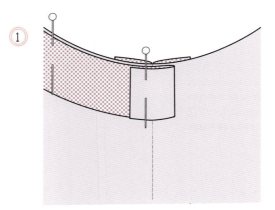

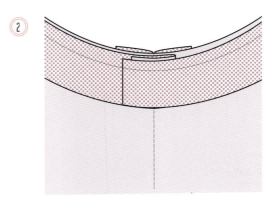

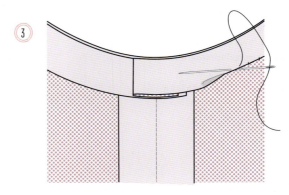

Bainhas

Bainha de dobra simples

Indicada para uma grande variedade de tecidos. **(1)** Se necessário, chuleie a borda do tecido. **(2)** Vinque a margem da bainha e costure na posição.

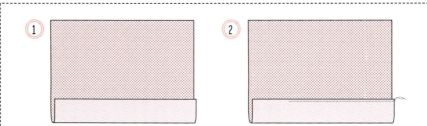

Ponto invisível (manual)

Este tipo de acabamento costurado à mão pode ser finalizado com uma bainha de dobra simples ou de dobra dupla. Trabalhando da direita para a esquerda, traga a agulha para a borda da bainha. Em direção oposta e um pouco acima da bainha, dê um ponto, certificando-se de pegar apenas um ou dois fios do tecido, e então mova a agulha no sentido diagonal através da borda da bainha. Repita o procedimento em toda a bainha, deixando um espaço de cerca de 6 a 10 mm entre os pontos. Não puxe muito o fio, pois isso pode criar uma tensão capaz de tornar toda a costura visível no lado direito da peça.

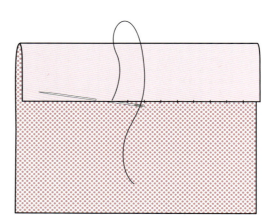

Bainha de dobra dupla

Esta bainha de "autoacabamento" é indicada para tecidos não volumosos e pode ser costurada em conjunto com um acabamento em pesponto ou costura à mão. Você pode ajustar a margem da dobra da bainha de acordo com o modelo da peça. **(1)** Vinque a primeira margem da dobra para cima. **(2)** Vinque a segunda margem da dobra e faça um pesponto. A borda sem acabamento fica então envolta pela dobra dupla.

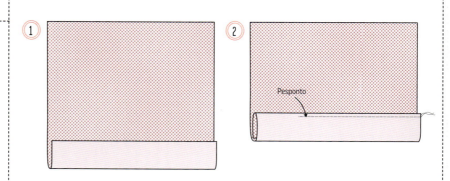

Bainha de lenço feita à máquina

(1) Selecione um tamanho de ponto adequado ao tecido que esteja utilizando e costure 3 mm a partir da borda. **(2)** Enrole o tecido em direção à primeira linha de costura para criar uma bainha bem estreita e então costure uma segunda linha. **(3)** Enrole o tecido em direção à segunda linha de costura e finalize a bainha com uma terceira linha de costura.

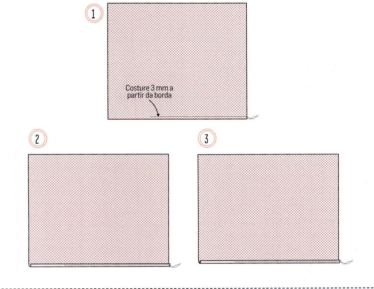

Bainha de lenço feita à mão

(1) Costure à máquina aproximadamente 6 mm a partir da borda e refile próximo à linha de costura. **(2)** Dobre 3 mm de tecido em direção ao avesso a partir da linha de costura e passe a ferro a dobra na posição. **(3)** Com um fio de cor que combine, faça um pequeno ponto através da dobra, certificando-se de pegar apenas um fio do tecido. Dê outro ponto em um ângulo acima da borda sem acabamento, puxando o fio para enrolar a bainha após alguns pontos.

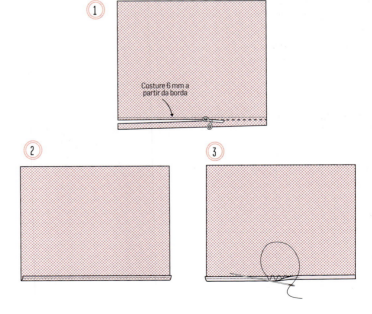

Aberturas laterais

Os fechos ou aberturas laterais com zíper surgiram na virada do século XX, mas foi só a partir da década de 1930 que passaram a ser utilizados regularmente nas roupas *prêt-à-porter*. Muitas roupas feitas sob medida, no entanto, faziam uso de aberturas laterais com botões de pressão até a década de 1950. Apesar de a maior parte das roupas que constam neste livro utilizar zíper, este pode facilmente ser convertido em abertura lateral por meio do método descrito a seguir.

As instruções a seguir descrevem o processo de inserção de abertura em uma costura lateral de um vestido fechado em ambas as extremidades, mas esse método pode ser facilmente adaptado para um fecho aberto em uma peça acinturada, como um corpete, uma saia ou uma calça. Caso esteja usando uma técnica de acabamento como overloque ou zigue-zague, será necessário chulear as bordas de ambos os peitilhos antes da montagem.

(1) Primeiramente, desenhe o peitilho. Desenhe o peitilho frontal no comprimento da abertura mais o dobro da margem de costura. Desenhe o peitilho de trás no comprimento da abertura mais quatro vezes a margem de costura. Adicione margens de costura somente nas partes superior e inferior dos peitilhos frontal e de trás. **(2)** Prepare a costura lateral da roupa. Abra as margens de costura da costura lateral; a costura da cintura deve ser posicionada de acordo com as instruções específicas da montagem da roupa. **(3)** Com direito sobre direito, una o peitilho frontal à costura lateral e passe na máquina somente através da margem de costura, costurando próximo ao vinco. **(4)** Refile a margem de costura do peitilho frontal apenas o suficiente para reduzir o volume. **(5)** Dobre o peitilho na posição. **(6)** Coloque o peitilho de trás, com direito sobre direito, e passe na máquina somente através das margens de costura e próximo à borda dobrada. **(7)** Refile somente as margens do peitilho de trás. **(8)** Dobre o peitilho na posição e costure somente através das margens de costura e do peitilho para prendê-lo. **(9)** Costure no sentido horizontal através de todas as camadas para prender os peitilhos.
(10) Por fim, costure os botões de pressão nos peitilhos frontal e de trás. Um colchete de gancho pode ser inserido no meio da cintura, a fim de evitar que os botões de pressão se abram quando a pessoa estiver usando

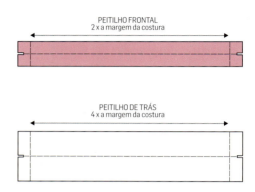
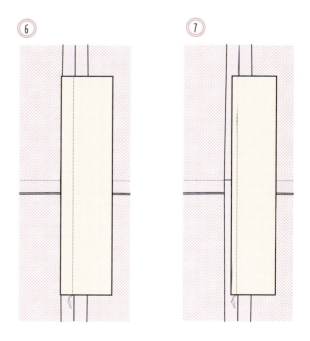

CAPÍTULO 9: MONTAGEM

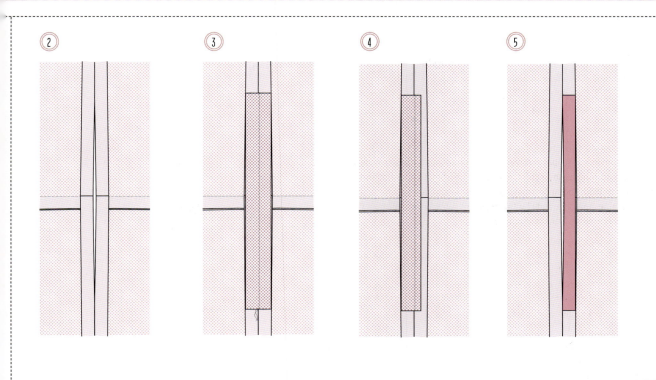

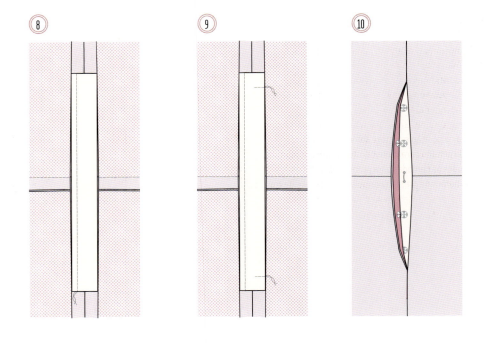

Bolsos

Bolso chapado

(1) Desenhe o bolso e a dobra. Marque a posição do bolso na peça com um alinhavo de alfaiate. (2) Acrescente a dobra ao bolso chapado, adicione margens de costura e marque a linha do vinco com um pique. (3) Abra as margens de costura para o lado do avesso e corte os cantos em diagonal. (4) Costure a bainha da dobra e passe suavemente com o ferro. (5) Costure o bolso à peça principal, fazendo retrocessos ou usando uma costura decorativa para reforçar a abertura do bolso.

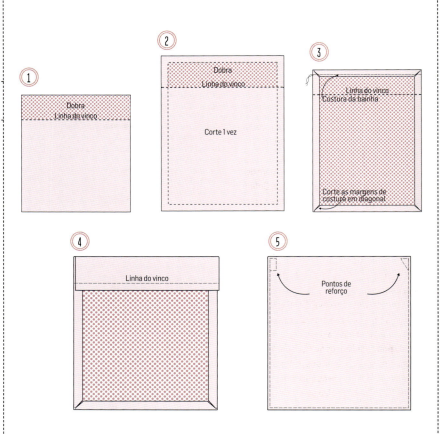

Bolso chapado arredondado

(1) Desenhe conforme o bolso chapado descrito anteriormente. Dobre e chuleie o revel do bolso. (2) Diminua a tensão da linha da máquina e costure ao redor da curva, deixando sobrar uma boa quantidade de fio para calcular a curva no passo seguinte. Puxe o fio da bobina com firmeza, de modo que a margem de costura vire (3) Use um gabarito do bolso em papelão como suporte para passar a ferro a margem de costura. Volte a tensão da máquina ao normal e continue a montagem conforme as instruções para o bolso chapado.

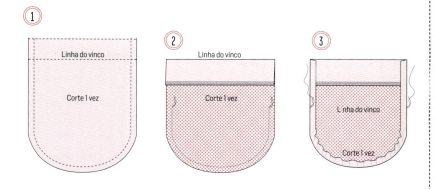

Bolso embutido

(1) Defina o tamanho e a posição do bolso embutido. Desenhe o molde com 2 vezes a largura do debrum (vivo) finalizado x o comprimento do debrum finalizado. Adicione uma margem de costura de 1,5 cm em toda a volta. Desenhe o molde do revel do debrum com 1 vez a largura do debrum finalizado e adicione 1,5 cm ao seu comprimento. Acrescente uma margem de costura de 1,5 cm em toda a volta. **(2)** Defina a profundidade do forro do bolso e desenhe-o de acordo com essas medidas; adicione uma margem de costura de 1,5 cm e corte esse forro 2 vezes. **(3)** Aplique entretela termocolante ao avesso do tecido e marque a abertura do debrum com pontos de referência (ou piques internos). O ponto que fica mais para dentro deve ter 1,5 cm de margem a partir das marcações da borda externa. **(4)** Disponha o debrum e o revel no tecido principal com os avessos unidos e costure na mesma linha dos pontos de referência. **(5)** Vire a peça para o avesso e corte a abertura do bolso apenas na peça principal; corte os cantos em diagonal. **(6)** Dobre ao longo da linha da costura e passe os debruns através da abertura do bolso. Dobre para o avesso os triângulos cortados na diagonal. **(7)** Dobre o revel do debrum para cima temporariamente e dobre o debrum para baixo, preparando-os para receber os forros do bolso. **(8)** Com direito sobre direito, costure um dos forros ao debrum, como mostrado no diagrama. **(9)** Dobre o debrum ao meio e vá soltando o forro do bolso até à posição, deixando a margem de costura na direção da roupa. Abra as margens de costura com o ferro. **(10)** Com direito sobre direito, costure o segundo forro do bolso ao revel do debrum. **(11)** Solte o revel do debrum até a posição e abra a margem de costura com o ferro. Costure os forros do bolso e o debrum e, se necessário, chuleie o forro do bolso como um só.

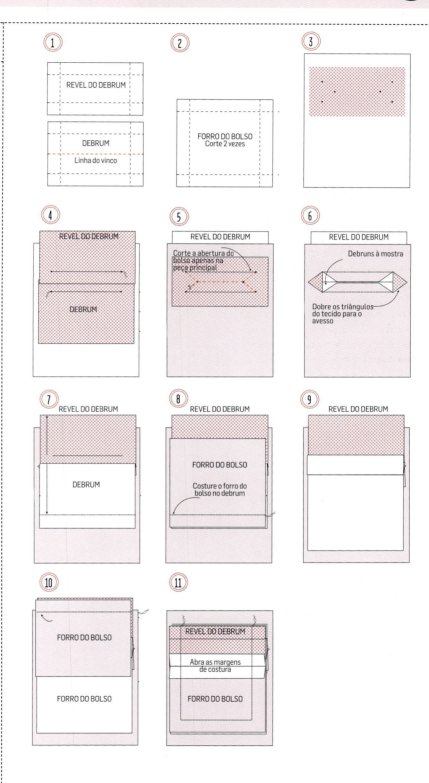

Zíperes

Zíper invisível

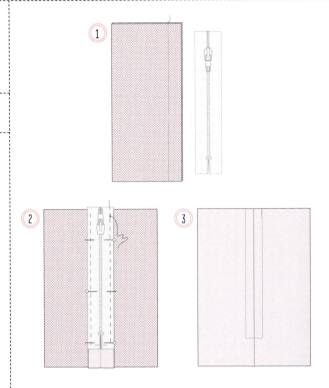

(1) Faça a costura lateral da peça à máquina, usando um alinhavo mais longo para a parte da costura na qual o zíper será colocado. Vire a roupa do avesso e abra a margem de costura. (2) Coloque o zíper com o lado direito para baixo por cima da costura, com os dentes centralizados através da costura e o puxador para cima. O puxador deve ser posicionado 6 mm abaixo da linha de costura e o ponto de paragem do zíper a aproximadamente 3 mm acima da parte de baixo da abertura. Prenda com alfinete, depois alinhave à mão para manter o zíper na posição. (3) Vire a roupa para o direito e, utilizando o calcador de zíper, costure à máquina na posição, aproximadamente 6 mm de cada lado da costura. Nos cantos, com a agulha abaixada, gire a peça e faça um número igual de pontos em ambos os lados da costura. Apare a fita do zíper de modo a alinhá-la com a borda da roupa e remova os alinhavos feitos à mão e à máquina.

Zíper semi-invisível

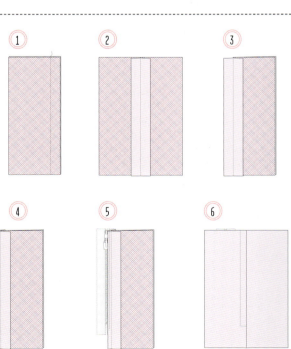

(1) Faça a costura lateral à máquina, utilizando um alinhavo mais longo para a parte da costura na qual o zíper será colocado, e faça um retrocesso na parte inferior da abertura. (2) Vire a roupa para o avesso e abra a margem de costura, passando a ferro. (3) Dobre o lado direito da roupa para fora (caso esteja posicionando o zíper no meio de uma costura central) ou a parte de trás da peça (caso esteja posicionando em uma costura lateral). (4) Dobre a margem de costura 3 mm a partir da costura marcada. (5) Posicione a borda dobrada da margem de costura contra o lado direito da fita do zíper, encostada nos dentes. Alinhave na posição e depois, com o calcador de zíper e a agulha posicionada do lado esquerdo do calcador, costure à máquina a partir da parte de baixo do zíper até em cima. (6) Vire a roupa para o lado direito, deixando que o lado da roupa que não foi costurado passe por cima do zíper, e então alinhave na posição. Com a agulha posicionada do lado direito do calcador, costure à máquina todas as camadas; primeiro, ao longo da borda inferior, depois ao longo do comprimento do zíper a aproximadamente 1,2 mm a partir da costura alinhavada.

Rolotês

Rolotê para alças

O rolotê pode ser confeccionado em diversas larguras para criar uma alça ou um elemento decorativo para uma roupa. É normalmente cortado no viés para facilitar no momento de desvirar, o que é bastante relevante quanto mais fina for a alça. A técnica de corte de tiras enviesadas está descrita na página 168.

ROLOTÊ SIMPLES

(1) Primeiro, prepare a tira enviesada. Corte no comprimento desejado, juntando mais de uma tira, se necessário, com o dobro da largura da tira finalizada mais 1 cm de margem de costura. **(2)** Dobre a tira enviesada na horizontal com direito sobre direito. **(3)** Costure a tira a 1 cm a partir da borda, aumentando essa distância em uma das extremidades, de modo a criar um funil para passar o fio por dentro. Deixe os fios longos para facilitar na hora de virar. **(4)** Refile a margem de costura próximo à linha de costura. **(5)** Passe as pontas soltas através de uma agulha grande e amarre-as. **(6)** Passe primeiro a agulha através do túnel para evitar a formação de saliência no tecido. **(7)** Vire o rolotê com cuidado para o lado direito.

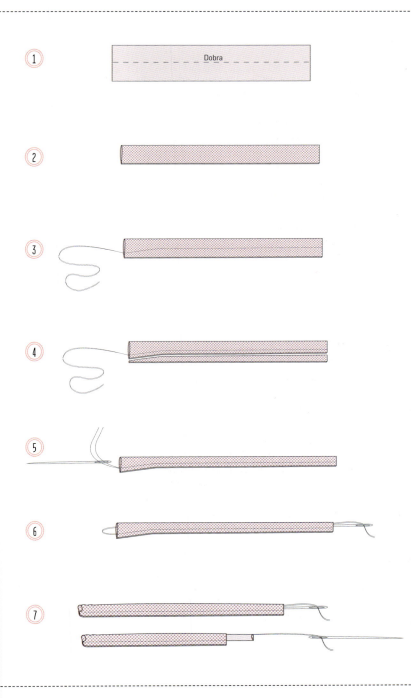

ROLOTÊ COM CORDÃO

O rolotê com cordão oferece mais estrutura do que um sem cordão. Isso pode ser particularmente útil quando se utiliza o rolotê como abertura ou como um detalhe decorativo. **(1)** Primeiramente, prepare a tira enviesada tal como descrito nas instruções para o rolotê simples e corte um pedaço de cordão com aproximadamente 2 vezes o comprimento do rolotê finalizado. Dobre a tira enviesada mantendo direito sobre direito e posicione o cordão contra a dobra. **(2)** Use um calcador de zíper para costurar à máquina próximo ao cordão. **(3)** Certifique-se de que o cordão não seja atingido durante a costura e, mais uma vez, alargue a costura em uma das extremidades para facilitar na hora de virar. Faça um pequeno ponto através de todas as camadas para prender o cordão à tira enviesada. **(4)** Use o cordão para virar o rolotê para o lado direito.

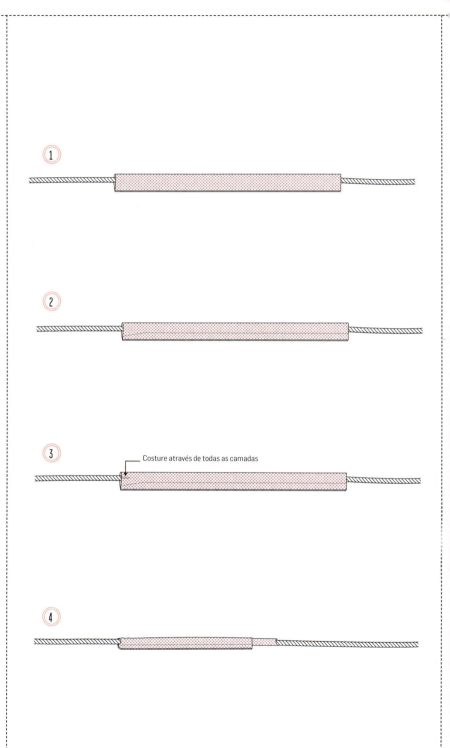

CAPÍTULO 9: MONTAGEM

Rolotê para caseado aselha

Rolotês podem ser utilizados também para criar um caseado aselha, sendo especialmente indicados para aberturas lado a lado, como o cós. Você pode utilizar esse método como uma alternativa para a abertura com colchetes de gancho no bustiê com saiote (página 124) ou no punho do minivestido (página 30). Considere a utilização de botões forrados para um acabamento verdadeiramente personalizado. Use o rolotê simples ou com cordão de acordo com o modelo da peça.

ASELHA SIMPLES

(1) Primeiramente, desenhe e prepare os rolotês. Se for usar rolotê simples deixe a borda plana, como mostrado na figura, e prenda-a com alfinete à abertura com a borda dobrada na direção oposta à margem de costura. Costure os rolotês na posição com linhas de costura à máquina. **(2)** Coloque o revel ou o forro, com direito sobre direito, na parte de cima dos rolotês, fazendo assim um "sanduíche" com os rolotês entre as peças da roupa. **(3)** Costure conforme a instrução para a peça. Vire a roupa para o lado direito e passe a ferro suavemente.

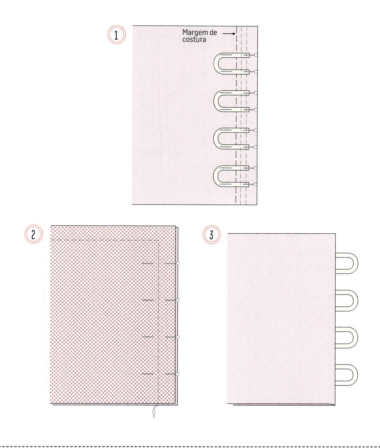

ASELHAS CONTÍNUAS

Se os rolotês estiverem muito próximos, é aconselhável o uso de aselhas contínuas para que o posicionamento e a costura fiquem mais uniformes. **(1)** Desenhe e prepare os rolotês e costure-os com duas linhas de costura à máquina. **(2)** Corte os rolotês dentro das margens de costura para assegurar que fiquem planos e o volume seja reduzido. **(3)** Vire a roupa para o lado direito.

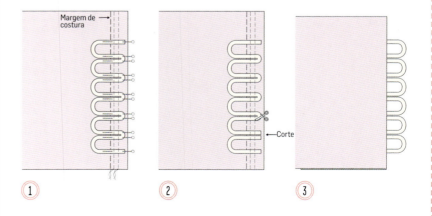

Laços

Laço único

O exemplo a seguir é de um laço de 12,5 cm, mas esse método pode ser usado para criar um laço de qualquer tamanho. Você pode criar o laço no fio reto ou no viés. **(1)** Prepare o molde do laço de acordo com o modelo desejado. Decida qual será a largura e o comprimento do laço e crie um gabarito de papel. Adicione margens de costura de 6 mm em toda a volta. **(2)** Prepare o centro do laço usando as medidas anteriores como guia. Adicione 6 mm de margem de costura em toda a volta. **(3)** Dobre o laço ao meio, com direito sobre direito; costure a borda aberta, deixando um espaço para desvirar. **(4)** Corte em diagonal os cantos para reduzir o volume e vire o laço para o lado direito através da abertura. Passe a ferro. Dependendo do tamanho do seu laço, talvez você consiga desvirá-lo através da abertura central usando o método descrito acima. Cortar no viés ajudará a desvirar laços de tamanhos menores, mas se isso não for possível, simplesmente abra as margens de costura para o avesso, como mostrado na figura, e dobre ao meio. **(5)** Dobre o laço ao meio e costure, usando as medidas da etapa 1 como guia. **(6)** Abra o laço. **(7)** Dobre e costure a parte central ao redor do laço.

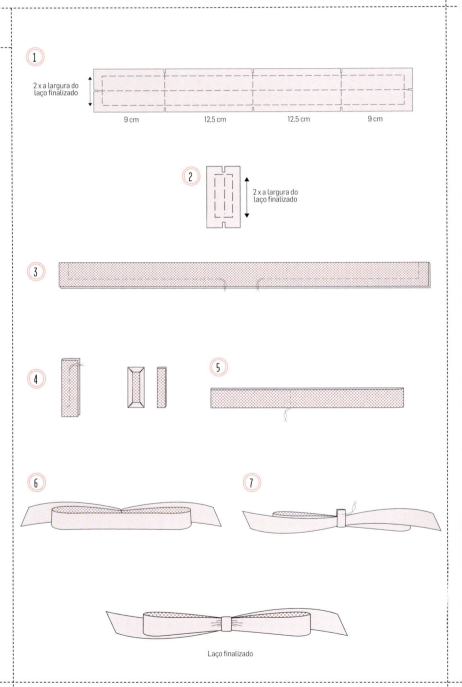

Laço finalizado

Laço duplo

Para fazer um laço duplo, use a mesma técnica empregada na confecção do laço simples. Você pode usar uma parte desvirada (tal como descrito para o laço simples, na página anterior) ou um pedaço de sianinha ou fita, como descrito a seguir. **(1)** Primeiramente, desenhe o laço. **(2)** Prepare o centro da peça com o dobro da largura do laço mais as margens de costura nas bordas superiores e inferiores para junção. **(3)** Utilizando as medidas da etapa 1 como guia, costure essa parte do laço. **(4)** Abra o laço. **(5)** Costure a parte central ao redor do laço.

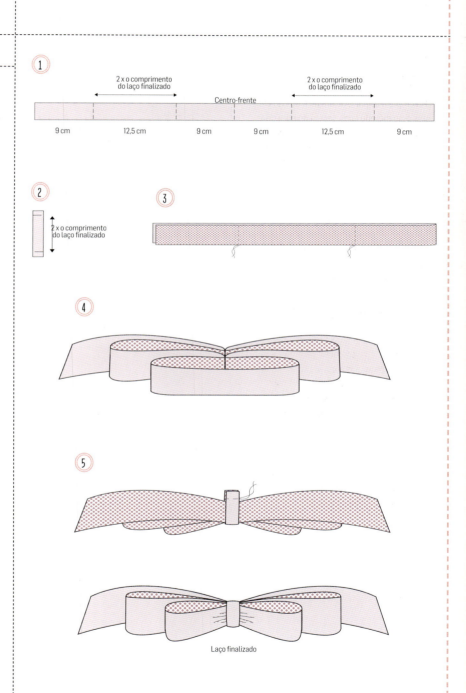

Laço finalizado

Ondulados

Bainha ondulada

Você pode facilmente transformar a bainha de uma roupa pronta em uma bainha ondulada, mais decorativa. As instruções a seguir são para transformar a saia em linha A do vestido longo da página 36, mas você também pode aplicar esse método na bainha de uma manga, na parte frontal de uma jaqueta ou na aba de um bolso. **(1)** Prepare o molde, marcando o formato desejado do ondulado dentro das margens de costura. Desenhe na borda superior do revel. Copie os moldes adicionando 6 mm de margem de costura às bordas do ondulado e na borda superior e 1,2 cm às costuras laterais. **(2)** Monte a saia normalmente. Com direito sobre direito, feche as costuras laterais dos revéis. Abra as margens de costura e faça uma bainha na borda superior do revel. **(3)** Vire a roupa para o lado direito e com direito sobre direito, costure o revel ao longo da borda ondulada. Faça um pique no meio de cada ondulação para reduzir o volume e auxiliar na hora de virar. Vire e passe a ferro o revel na posição, prendendo as margens de costura do revel à margem de costura da saia com alguns pontos à mão ou com pontos invisíveis por todo o contorno.

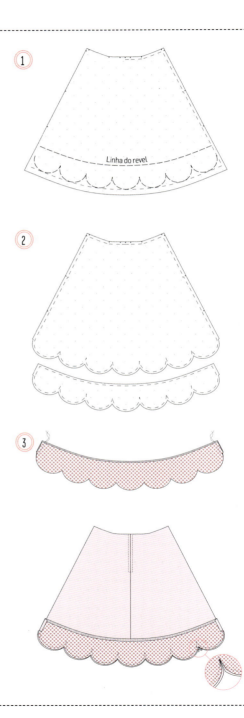

Ondulações franzidas

Ondulações franzidas produzem bordas com ondulados franzidos que você pode utilizar para decorar as roupas. Elas podem ser feitas a partir de uma fita de tecido leve ou de sianinha ou com uma tira enviesada dobrada. **(1)** Para confeccionar ondulações franzidas com tiras enviesadas, primeiramente corte uma tira enviesada com o dobro da largura final e cerca de três vezes o comprimento final. Talvez seja necessário juntar diversas tiras enviesadas para alcançar o comprimento desejado (ver pág. 168). **(2)** Dobre as bordas sem acabamento de modo que elas se encontrem no meio e passe a ferro. **(3)** Programe a máquina para conseguir o ponto mais longo e faça um zigue-zague contínuo ao longo de toda a extensão da tira enviesada. Você pode tentar outros tipos de pontos, como um ondulado, por exemplo. **(4)** Faça o franzido distribuindo o volume ao longo do comprimento. Amarre os fios com firmeza. **(5)** Costure à mão as ondulações na peça de acordo com o estilo desejado. Aqui, alternamos ondulações franzidas estreitas e largas para decorar a bainha de uma saia godê.

Padrão de ponto alternativo

Ondulações pregueadas

Ondulações pregueadas criam um acabamento ondulado com tomas, como aquelas vistas nas palas de minivestidos da década de 1960 (pág. 30). Se o molde não possuir ondulações, você poderá adicioná-las usando o método a seguir. **(1)** Marque as ondulações no molde com uma linha tracejada e então corte ao longo de cada linha, criando outros moldes. **(2)** Adicione o dobro da largura da ondulação finalizada entre cada parte do molde e acrescente piques. **(3)** Costure as tomas e monte a peça de acordo com o estilo desejado. **(4)** Costure cada ondulação com três pontos manuais para segurar a toma, amarre com firmeza ao finalizar e repita o procedimento.

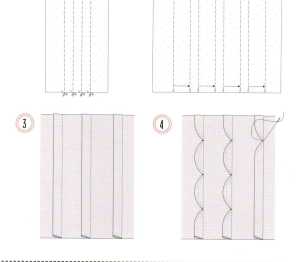

Colaboradores

Conteúdo do tópico "Visão geral dos estilos"

JO-ANN FORTUNE
Editora do site www.vintagebrighton.com
Vestido pretinho básico, página 14
Gola Peter Pan, página 46
Echarpe estampada, página 132

SOPHIE O'KELLY
www.sophieokelly.com
sophie.okelly@live.com
Corte enviesado, página 16
Cintura no lugar, página 20
Botões, página 44
Gola blazer, página 48
Gola pontuda, página 50
Punho de camisa, página 52
Roupas esportivas e casuais, página 76
Jeans, página 80
Casaco utilitário, página 88
Jaqueta utilitária, página 90
Saia utilitária, página 92
Jaqueta quimono, página 94
Anáguas, página 112
Turbante, página 134

DIANE LEYMAN
www.notestoafurtherexcuse.com
diane@notestoafurtherexcuse.com
Vestido de melindrosa, página 12
Saia-lápis, página 60
Saia godê, página 62
Saias plissadas e pregueadas, página 64
Casquete, página 136

GEMMA SEAGER
www.mschickmedia.com
hello@retrochick.co.uk
Frente única, página 18
Macaquinho, página 78
Lingeries modeladoras, página 110
Luvas, página 130

Imagens

ANN-MARIE FAULKNER MILLINERY
www.annmariefaulkner.co.uk
hello@annmariefaulkner.co.uk
Minibarrete com pompom, página 128
Casquete prateada, página 136

AUDREY ROGERS
www.befrassy.com
www.frassyrags.com
audreyrogers@live.com
dazed2dazzled@hotmail.com
Saia longa plissada, página 64
Minissaia plissada, página 65

CARRIE HARWOOD
www.wishwishwish.net
Blusa Numph, página 4
Vestido e cardigã, página 5
Chemisier, página 10
Vestido preto com babados, página 15
Vestido de chiffon, página 20
Casaqueto, página 44
Vestido, página 45
Gola pontuda, página 51
Chemisier, página 46
Camisa listrada, página 48
Camisa, página 53
Jeans boca de sino, página 81
Casaco amarelo, página 86

COLETTE PATTERNS
www.colettepatterns.com
service@colettepatterns.com
Anágua noz-moscada, página 112
Anágua de tule, página 113

ACERVO DE MOLDES COMERCIAIS E COLEÇÕES ESPECIAIS DA BIBLIOTECA DA UNIVERSIDADE DE RHODE ISLAND

www.uri.edu/library/special_collections/COPA

Imagens da linha do tempo

Década de 1920, página 8
Arquivo nº 1927.334.BWS

Década de 1930, página 8
Arquivo nº 1936.24.JSE

Década de 1940, página 8
Arquivo nº 1944.193.BWS

Década de 1950, página 9
Arquivo nº 1955.125.BWS

Década de 1960, página 9
Arquivo nº 1967.6.JSE

Década de 1970, página 9
Arquivo nº 1977.11.JSE

Imagens vintage de modelagens

Vestido de melindrosa, página 12
Arquivo nº 1927.29.URI

Vestido pretinho básico, página 14
Arquivo nº 1962.51.JSE

Corte enviesado, página 16
Arquivo nº 1933.4ab.JSE

Frente única, página 18
Arquivo nº 1952.51.URI

Cintura no lugar, página 20
Arquivo nº 1951.421.BWS

Botões, página 44
Arquivo nº 1956.120.BWS

COLABORADORES

Gola Peter Pan, página 46
Arquivo nº 1958.177.URI

Gola blazer, página 48
Arquivo nº 1946.183.BWS

Gola pontuda, página 50
Arquivo nº 1971.11.JSE

Punho de camisa, página 52
Arquivo nº 1977.79.URI

Saia-lápis, página 60
Arquivo nº 1957.135.URI

Saia godê, página 62
Arquivo nº 1956.16.JSE

Saia plissada, página 64
Arquivo nº 1943.103.URI

Roupas esportivas e casuais, página 76
Arquivo nº 1940.142.BWS

Macaquinho, página 78
Arquivo nº 1956.8.JSE

Jeans, página 80
Arquivo nº 1973.125.URI

Casaco utilitário, página 88
Arquivo nº 1944.19.URI

Jaqueta utilitária, página 90
Arquivo nº 1958.46.URI

Saia utilitária, página 92
Arquivo nº 1942.204.BWS

Jaqueta quimono, página 94
Arquivo nº 1936.149.BWS

Lingeries modeladoras, página 1˙0
Arquivo nº 1935.15.BWS

Anáguas e combinações, página 112
Arquivo nº 1942.11.JSE

Luvas, página 130
Arquivo nº 1948.101.URI

Echarpe estampada, página 132
Arquivo nº 1945.44.JSE

Turbante, página 134
Arquivo nº 1940.9.JSE

Casquete, página 136
Arquivo nº 1952.24.URI

DECADES OF STYLE (EMPRESA DE MODELAGEM)

www.decadesofstyle.com

info@decadesofstyle.com

Vestido com botões, página 45
(fotografia: Christina McFall)

Quimono tulipa, página 94
(fotografia: Christina McFall)

EXILE VINTAGE

www.shopexile.etsy.com

Vestido de gola pontuda, página 50

Vestido de gola pontuda e estampa de maçã, página 50

JACQUELINE ROSE

www.FashionSnag.com

Frente única de tricô, página 18

LISA MARSHALL

www.shoesandsashimiblogspot.com

Turbante chique (Topshop), página 135

MARY HENDERSON

www.rubylane.com/vintagemerchant

www.etsy.com/shop/TheVintageMerchant

Blusa estilo faroeste, página 51

MICHELLE KOESNADI

www.glistersandblisters.com

ask@glistersandblisters.com

Luvas de cetim, página 131

SIEL DAVOS

www.mademoisielleblogspot.com

mademoisielleblog@gmail.com

Turbante, página 4

Glossário

A
ajustar: dar caimento, tal como em pences, ondulações ou franzidos que absorvem o excesso de tecido.

alinhamento da manga: o caimento correto da manga, alcançado por meio de pontos de equilíbrio e cortes precisos.

B
base de modelagem: 1) modelagem básica que pode ser usada como ponto de partida para desenhar diversos modelos de roupa; 2) modelagem sem margem de costura.

C
cabeça da manga: a parte superior da manga (normalmente curvada) que é costurada para dentro da cava.

carcela: o tecido que faz a abertura aparente para o punho na manga, mais comumente vista em camisas masculinas.

chulear: fazer o acabamento interno de uma peça evitando o desfiamento do tecido; pode ser feito em máquina de overloque ou em máquina convencional no ponto zigue-zague.

contorno: borda externa de uma roupa ou parte de uma roupa.

cortar 1 par: faça um corte e depois outro espelhado.

cortar 2: cortar duas peças idênticas.

cortar para dobrar/cortar na dobra: criar uma peça espelhada a partir da metade de um molde. Dobre um pedaço de tecido e posicione a linha de dobra do molde na borda dobrada do tecido. (Não corte tecidos leves ou de jérsei na dobra; em vez disso, faça uma peça de modelagem inteira, espelhada no local onde seria a dobra.)

costura de acabamento: pesponto costurado próximo (cerca de 3 mm) à extremidade da costura ou do contorno da peça fazendo o chuleio.

costura dupla: duas carreiras de costura, geralmente paralelas uma à outra. É usado, por exemplo, em bolsos de calças jeans.

D
denim: tecido usado para fazer o jeans. O denim se diferencia do brim pelo modo como é tingido; no caso do denim, apenas o urdume é tingido, possibilitando, após as lavagens de desgaste, a marcação característica do jeans.

desvirar: duas seções são costuradas juntas ao longo do contorno das bordas, direito sobre direito. Com uma parte deixada aberta, a seção é então desvirada ou virada para fora, embutindo todas as costuras.

drapeado: pregas, ondulações ou franzidos formados no tecido ocasional ou intencionalmente como forma de detalhe adicional na peça; exemplos: sobre o busto, um cinto drapeado, uma saia com drapeado na cintura, um decote com drapeado, entre outros. Além disso, o drapeado pode ser feito com fins de funcionalidade (p. ex., deixar uma quantidade extra de tecido drapeado na parte de baixo do braço para permitir que a manga seja levantada de maneira confortável). É usado em mangas dos tipos morcego e quimono.

E
encaixe: termo usado em moda para se referir à disposição dos moldes sobre o tecido visando minimizar o desperdício ao cortar o tecido.

entretela: tecido utilizado para dar estabilidade a um outro tecido. Pode tanto ser termocolante quanto sem cola, podendo ser costurado junto com a peça; está disponível em pesos variados e com diversas características.

F
felpa: tecido constituído por um fio que sobe formando um ângulo, tal como veludo ou algodão cotelê.

fio reto: linha reta desenhada no molde. Traçada geralmente respeitando-se o sentido da coluna e a posição da peça sobre o corpo, ela mostra em qual direção o molde deve se posicionar sobre o tecido no momento do encaixe e corte; esta linha ilustra a direção do fio do tecido, que se refere ao fio de urdume, paralelo às ourelas. Além disso, o termo indica a posição onde se deve sobrepor o fio reto desenhado no molde. Apesar de poder se referir tanto a urdume quanto a trama, este termo é mais comumente usado para se referir ao urdume.

folga: volume aplicado a uma roupa com o intuito de proporcionar um caimento mais confortável. Quando a folga tiver sido incorporada à costura, o excesso de tecido deve ser imperceptível e não franzido.

G
gabarito: uma peça ou parte da modelagem sem margem de costura.

gola blazer: gola parcialmente projetada para a frente e que forma uma dobra permanente para trás.

gola plana: gola que recai assentada sobre os ombros, contornando o decote.

grade: uma pilha de moldes de determinada peça de roupa de diversos tamanhos, do menor para o maior.

graduar: ação de aumentar ou diminuir uma modelagem utilizando-se regras incrementais de graduação e medidas.

L
lapela: no caso de uma gola blazer, a parte que é dobrada para trás por cima da linha de quebra e que recai sobre a parte frontal da peça.

linhas de montagem: linhas no molde que fornecem instruções específicas, tal como a posição da pence.

M
manga bispo: uma manga que é justa no topo e franzida na direção do punho em evasê a fim de criar volume extra no punho.

GLOSSÁRIO

manga japonesa: manga bem curta. Pode ser cortada em uma única peça junto ao corpo, estendendo-se um pouco a linha do ombro de modo que este seja coberto. Pode também ser costurada ao corpo da peça.
manga montada ou tubular: manga que é costurada dentro de uma cava já fechada; isto é, as costuras do ombro e da lateral são costuradas antes da costura da manga.
manga presunto: manga bastante volumosa que é franzida para dentro da cava e do cotovelo. A manga é então ajustada a partir do cotovelo em direção ao punho, alcançando-se um formato de perna de carneiro.
manga prolongada: manga que é cortada em uma única peça junto ao corpo.
manga quimono: uma manga que é cortada em uma única peça junto ao corpo e não tão curta como a manga japonesa.
manga raglã: manga que se prolonga do punho até o pescoço, na qual seções de trás e da frente dos ombros e do corpo são cortadas em diagonais da cava ao decote e se juntam à manga.
manga semiprolongada: manga que possui uma parte do corpo da peça anexa a ela.
marcação/ponto de referência: indica um ponto preciso de coincidência para facilitar a montagem da peça, tal como o ápice da pence. É marcado com alinhavo ou giz de alfaiate.
margem de costura: espaço extra adicionado (p. ex., 1,2 cm) nas bordas de uma modelagem a fim de permitir que as peças da roupa sejam costuradas juntas.
modelagem: conjunto de moldes que integram um único modelo.
molde: parte de uma modelagem ou base de modelagem.

O
ourela: acabamento nas bordas de um determinado tecido.

P
pé de gola: a parte da gola que se ergue ao redor do pescoço. Geralmente é separado, por exemplo, em golas de camisa, mas também pode ser junto à gola.
peça espelhada: um molde simétrico, que cria uma seção completa da peça quando é revirada sobre uma linha espelhada.
pence: um tipo de prega costurada, por exemplo, em torno do busto, cintura e quadris. São seções costuradas, geralmente em formato triangular ou de diamante, que absorvem áreas com excesso de tecido a fim de ajustar o caimento da peça.
pesponto: linha de costura que é visível do lado direito do tecido, geralmente costurada com ponto maior e/ou com fio de pesponto. Pode tanto ser funcional (para reforçar as costuras) como decorativo.
pesponto ¼: pesponto de 6 mm (¼ de polegada) para dentro a partir do contorno da borda. É usado em golas de camisas e punhos.
pesponto invisível: costura imperceptível para dentro ou através de uma costura, a fim de fixar outra parte da roupa embaixo, tal como em uma face do cós.

pique em diagonal: tirar o volume das margens de costura nos cantos, no sentido diagonal, de modo que elas possam ser reviradas por completo, assegurando uma ponta com borda afinada.
piques: pequenos cortes feitos na margem de costura para marcar o local onde duas peças de roupa devem coincidir e ser costuradas juntas.
preparação: expressão usada para designar a preparação das partes cortadas para facilitar a costura; compreende a separação das peças, o fusionamento (colagem) da entretela, preparação das carcelas, entre outros processos que industrialmente são necessários. Assim, para preparar a gola, deve-se fusionar ou passar a ferro a entretela termocolante no lado avesso do tecido.
prolongamento de molde: seção estendida do molde a fim de incluir outra seção que normalmente seria cortada separadamente, tal como uma vista ou gola.

R
refilar: recortar ou cortar o excesso da borda de uma costura para reduzir o volume interno na peça ou prepará-la para outra costura posterior.
revel: acabamento interno ao redor de decotes, cava ou demais locais onde seja necessário, visando o acabamento de uma peça sem forro.

T
tela ou protótipo: uma versão teste da roupa, normalmente confeccionada em algodão cru ou morim.
toma: refere-se às pregas que são costuradas ou presas longitudinalmente, e não soltas como as pregas na cintura de uma saia, por exemplo.
trama: fios que percorrem o tecido, perpendicularmente à ourela.
transpasse: tecido extra inserido em uma gola e centro da frente a fim de permitir que na frente se sobreponham e fechem.

U
urdume: fios que dão estrutura ao tecido; correm no sentido longitudinal, paralelos à ourela, e posteriormente são cruzados com os fios de trama para formar os diversos tipos de tecidos planos.

V
viés: tecido ou tira de tecido cortado a 45º em relação à ourela, melhora o caimento da peça e proporciona maior maleabilidade; pode também ser usado como acabamento, no qual a inserção de uma pequena quantidade extra de tecido cortado no viés tem a finalidade de permitir que uma costura seja envolvida e determinada margem de costura fique escondida. É usado, por exemplo, em golas, cavas, decotes, entre outros.

Sugestões de leitura

Bibliografia

Nigel Cawthorne, *Key Moments in Fashion: The Evolution of Style*, Hamlyn, 2001.

Robert Elms, *The Way We Wore: A Life in Threads*, Picador, 2005.

James Laver, atualizado por Amy de la Haye, *Costume and Fashion: A Concise History*, Thames and Hudson, 2002. [*A roupa e a moda: Uma história concisa*, Companhia das Letras, 1989.]

Joan Nunn, *Fashion in Costume 1200-2000*, New Amsterdam Books, 2000.

Vintage Fashion, Carlton Books Limited, 2010.

Claire Wilcox, *Twentieth-Century Fashion in Detail*, V&A Publishing, 2009.

Harriet Worsley, *Decades of Fashion*, Getty Images, 2006.

Sites úteis [em inglês]

www.dressmakingresearch.com
Uma coleção de materiais originais com foco no corte e na montagem de roupas femininas.

www.queensofvintage.com
Uma revista global on-line feita por amantes do vintage para amantes do vintage.

www.vintagefashionclub.com
O Vintage Fashion Club pesquisa a moda retrô.

www.vintagefashionguild.org
Dedicado à promoção e à preservação da moda vintage, apresenta uma ampla base de conhecimento sobre o tema.

Índice remissivo

A
aberturas 172-173
    lado a lado 179
    laterais 172-173
abotoamento duplo, jaquetas e casacos 88-89, 91
acessórios de cabeça 129-141
acrílico 65
Adams, Maude 46
adornos 82, 136-137, 159
agulhas de ponta-bola 77
ajustes na modelagem 148-155
    busto 146, 154
    comprimento 148-149
    costas 155
    largura 150
    mangas 152-153
    ombros 151
alças 177
alfaiataria 50, 52-53, 75-77, 89, 91
algodão 15, 19, 21, 47, 49, 51, 53, 61, 63, 65, 77, 79, 81, 91, 93, 95, 130-131, 133-135, 137
alinhavos 161-163, 176
    de alfaiate 25, 98, 117, 122, 160-161
Amies, Hardy 88
anágua 20-21, 59, 62-63, 109, 112-113, 124-127, 133
Ann-Marie Faulkner Millinery 185
anotações na modelagem 144-145
apliques 62-63, 73
Art Déco 79, 132-133
aselhas contínuas 179

B
babados 52, 113
bainhas 8-9, 65, 170-171, 182
    de dobra dupla 170
    de dobra simples 170
    de lenço feita à mão 171
    de lenço feita à máquina 171
Balenciaga, Cristóbal 136
Balmain 89
Baquelite® 44
Barrie, J.M. 46
blusas 43-57, 61, 88, 93
    com mangas bufantes 50
boina 129
bolso(s) 54, 82, 88-91, 165, 174-175
    chapado 54, 82, 90-91, 165, 174
    chapado arredondado 174
    embutido 175

bordado(s) 62, 95, 114
    inglês 114
borracha 110-111
botões 88-89, 91, 145, 179
    de ateliê 44
    de pressão 172
bouclé 102
brocados 19, 95
bustiê 110-111, 124-127

C
calça(s) 8-9, 18, 43, 51-53, 75-85, 92
    jeans 18, 43, 51-53, 75, 80-81, 91, 95, 133
    pantalona 82-85
calcadores 113
    para zíper 165, 178
calcinhas 118-119
    modeladoras 110-111
caleçon 118-119, 164
cambraia 22
camisas 43-57, 88, 133
    de punho duplo 52-53
camiseta 63
camurça 93, 130
cantos chanfrados 166, 174-175
casacos 9, 87-107
    de abotoamento simples 88
casco de tartaruga 45
caseado aselha 179
cashmere 89
casquete 9, 129, 136-141
Cassini, Oleg 136
Catalin 44
CD 6
cetim 16-19, 53, 78, 95, 109, 130-131, 135
Chanel, Coco 12, 14-15, 76, 78
chapéus 8-9, 19, 129, 131, 136-141
    cloche 8, 129
Chaplin, Charlie 44
Charlot, Juli Lynne 62
charmeuse 17
chiffon 65, 113
chuleado 166, 172
Chung, Alexa 47
ciclismo 76
cintas 110-111
cintos 21, 49, 63, 77, 88-90, 95
cintura no lugar 20-21
cinturita 110-111

Claudine à l'école 46
códigos das instruções de costura 6
colchetes de gancho 172, 179
coletes 51, 53
Colette 46
Colette Patterns 184
combinação 22, 63, 112-117, 120-123, 133
conceitos básicos de costura 143-157
conversation skirts (saias godês completas ou círculo completo) 62
corseletes 109-110
corte
    do tecido 144, 156-157
    enviesado 8, 11, 16-19, 21, 156, 165, 168-169, 177-178, 183
    na diagonal 49
cortiça 45
cós com cordão 79
costura(s) 49, 77, 119-120, 148, 150-152, 154-155, 159, 163-169, 172
    arrematada 168-169
    com vivo ou canaleta 165
    de fechamento 73, 167-169
    francesa ou embutida 118-120, 164
    overloque (com ponto cadeia) 166
    simples 164
couro 21, 65, 87, 93, 130-131
crepe 16-17, 21, 78-79, 95
crina de cavalo 113
crinolina 113

D
Davos, Siel 185
Decades of Style Pattern Company 185
decote canoa 12
Deschanel, Zooey 47
detalhes 43-57
Dior, Christian 9, 14-15, 20, 60, 62, 112
dirndl (vestido típico alemão) 20, 92, 113
Dolce & Gabbana 45
dragonas 88-89
Duquesa de Windsor 16

E
echarpes 8, 22, 63, 129, 132-133
    com franjas 132-133
    estampadas 132-133
Eduardo VIII, rei 16
elastano 61, 77
Elizabeth II, rainha 132

encaixe 156-157
encolhimento 89
enfeites 62-63
entretela 137, 140
    de alfaiate termocolante 89
    termocolante 47, 53, 91, 137
Erdem 21
espartilhos 61, 109-111
estabilizadores de tecidos 95
estilo
    boêmio 132-133
    mod 47, 37
    preppy 9, 46, 64-65

F
faixa de cabelo 135
faixa *obi* 95
feltro 62-63, 95, 137
fio(s)
    de trama 156-157
    de urdume 156
    reto 51-52, 65, 144, 156-157
fita métrica 157
folga 152
Fortune, Jo-ann 184
franjas 12-13, 114
franzido 113, 161, 183
frente única 8-9, 18-19

G
gabaritos 88, 174, 180
    de passadoria 51
georgette 13, 65
godê 8, 93
gola(s) 46-51, 77, 89, 93
    blazer 48-49, 93
    Peter Pan 14-15, 30, 43, 46-47, 63, 165
    pontuda 50-51, 54
golfe 77
goofies 45

H
Harper's Bazaar 14, 20
Harwood, Carrie 185
Hepburn, Audrey 9
Hermés 132
Hollywood 11

I
imprimindo as modelagens 6-7
inovações 8-9
instruções para a modelagem 6-7, 24-25, 28-29, 32-35, 38-41, 56-57, 68-69, 72, 85, 98-101, 104-106, 116-117, 119, 122-123, 126-127, 140

J
Jacobs, Marc 51
jaqueta(s) 16, 61, 77-79, 87, 90-91, 94-107, 133, 137
    acinturada 96-101
    biker 87, 93
    boxy 102-107
    Eisenhower 90
    forradas 96, 102, 106
    quimono 94-95, 133
jardineira 46, 78
jeans 75, 80-81
jérsei 15, 18-19, 51, 77-79, 135

K
Kelly, Grace 132
Kennedy, Jackie 9, 129, 136-137
Koesnadi, Michelle 185

L
lã 21, 61-63, 65-66, 87, 89, 91, 102, 130-131, 137-138
laços 52, 159, 180-181
    duplo 181
    único 180
Land Girls 132-133
Le Smoking 87
Lee Copper 80
leggings 76-77
Levi Strauss 80
Leyman, Diane 184
lingerie 109-127, 156
    modeladora 19, 109-111
linha do tempo 8-9
linho 61, 134
Little Lord Fauntleroy 46
lixa 81
luvas 8, 21, 129-141
Lycra® 77-79, 81, 110-11

M
macacão 78-79
macaquinho 78-79
madeira 45
Mainbocher 16, 90
mangas 146, 148, 152-153, 162-163
    presunto 43
    raglã 102
    tubular 162
Marble, Alice 77
marfim 45
Marshall, Lisa 185
materiais sintéticos 44, 51, 65, 79, 89, 91
McCardell, Claire 48
medidas e tamanhos 146
medidas-padrão 146-147

meia-calça 9, 109-110
meias 8-9, 61, 109-111
minissaias 9, 14-15, 59
minivestidos 30-35, 183
Molyneaux, Edward 88
montagem 159-183
Morton, Digby 88
Museu Victoria & Albert 46
musselina 49, 63

N
náilon 8, 13, 110-111, 113, 133
neoprene 77
New Look, 9, 14-15, 20, 62, 112

O
O'Kelly, Sophie 184
ondulações franzidas/pregueadas 183
ondulados 46, 182-183
ordens de restrição para a confecção de roupas civis 90
organdi 113, 135
organza 13
ourela 156-157

P
paetês 13, 17, 89, 91, 134
passar em excesso 15, 49
peças de destaque 137
pedrarias 12-13, 47, 136-137
peitilhos 172
pences 54, 61, 154-155, 160
    com prega 160
    de contorno de cintura 160
    simples 160
pesponto 81, 89, 95, 164, 166-167, 170
    embutido 167
    invisível 166, 168
pijamas 78-79
piques 145, 161
plástico 44-45
Playtex 110
Plexiglas® 45
plissado acordeão 64
Poiret, Paul 94, 134
poliéster 13, 17, 47, 51, 53, 63, 65, 89, 91, 95, 133
ponto(s)
    cadeia 21
    caseado 73
    fixo 166
    invisível 182
    manuais 183
    overloque 172
    zigue-zague 77, 166, 172, 183

ÍNDICE REMISSIVO

popelina 20, 49
power mesh 110-111
Prada 49, 134
Prada, Miuccia 64
pregas 64, 76
    faca 64
    macho ou fêmea 64, 92-93
    pontapé 64, 66, 92
preparação 163
punhos 52-53, 90

Q
Quant, Mary 14, 46

R
raiom 13, 21, 51, 61, 77, 79, 110-111
refilo 167
reforma de peças 8
renda 12, 15, 43, 61, 109, 112-114, 122
respirabilidade 49, 77
retrocessos 174
rock'n'roll 62
rockabilly 49, 132
Rogers, Audrey 185
rolo removedor de pelos 15
rolotê 159, 177-179
    com cordão 178
    para caseado aselha 179
Rose, Jacqueline 185
roupa(s)
    casuais 8, 59-60, 75-77, 79, 81, 91, 94-95, 132-133
    de dormir 109
    de ginástica 77
    esportivas 59, 75-77, 79
    íntima 109-110
    para a noite 8, 15-19, 21, 59, 75, 77-79, 81, 87, 92-93, 129-131, 156
    para o dia 19, 48, 59, 77, 79, 81, 130-131, 134
    utilitárias 88-93
rugas 140, 151-152, 155
Russell, Peter 88

S
saia(s) 9, 19-20, 59-73, 79, 87, 89, 91-93, 109, 112-113, 133, 148
    de pregas 64, 66-69
    godê 16, 19-20, 26, 48-49, 59, 62-63, 70-73, 113, 183
    godê três-quartos 62
    godê um círculo e meio 63
    godês mexicanas 62-63
    longas 53, 59
    meio-godê 62, 70, 113
    poodle 62-63, 73, 113
    pregueadas e plissadas 59, 64-69

saia-calça 76
saia-lápis 21, 53, 59-61, 91-93, 95
Saint Laurent, Yves 50, 52, 87, 94
saliências 77
sarja 81, 87
sarongues 132
Schiaparelli, Elsa 45
Scott, L'Wren 94
Seager, Gemma 184
seda 15-17, 19, 47, 53, 61, 63, 78-79, 93-95, 109, 112, 131, 133-135
Segunda Guerra Mundial 14, 20, 45, 62, 88, 92, 132
shorts 75-85
silhuetas 8-9
símbolos de pregas 145
sites 184-185, 188
smoking 87
Snow, Carmel 20
sobreposições 12-13
sobretudo 88-89
Stack, Prunella 76

T
tafetá 21, 113
tailleur 93, 102, 137
tamanhos 146
técnicas de acabamento 166-167
tela (protótipo) 148, 152
Tempos modernos 44
tendências 8-9
tênis 59, 64, 76-77
terninhos com calças 75, 87
ternos 87-107, 137
tomas 183
tons metálicos 13, 79, 91, 135
traje(s)
    de banho 19, 75, 78-79, 92
    de trabalho 53, 59-61, 65, 75, 80, 90-93, 135
tule 13, 15, 113, 124, 137
turbantes 9, 132, 134-135
tweed 21, 59, 61, 77, 137

U
uniformes 47, 64, 90
    de líder de torcida 64-65
Universidade de Rhode Island 184-185

V
veludo 47, 137-138
vestido(s) 8-9, 11-41, 112, 133, 137, 148
    avental 51
    com cinto 20, 48
    de baile 26-29, 62, 64, 109-110, 113, 131
    de cintura baixa 8, 11, 14, 22-25
    de coquetel 47

    de melindrosa 11-13, 114
    de noiva 16-17, 47, 109, 113, 131
    longos 9, 11, 19, 33, 36-41, 182
    para a noite 8, 11, 14-15, 17-19
    para a tarde 17
    para o dia 12, 15, 19, 21, 89, 91
    pretinho básico 14-15, 21
    Quaker 46
    tubinho 47, 137
viés
    caseiro 168
    termocolante 77
Vionnet, Madeleine 16, 18-19
viscose 17, 51, 77, 89
Vogue 14
Von Furstenberg, Diane 94
Vuitton, Louis 94

W
Women's League of Health and Beauty 76
Wrangler 80

X
xadrez 132
xales 132

Y
yukata 95

Z
zíper 8, 61, 159, 163, 172, 176
    invisível 176
    semi-invisível 176

Agradecimentos

Jo gostaria de agradecer imensamente à RotoVision e a todos aqueles que contribuíram para o livro, em especial: Lindy Dunlop, Isheeta Mustafi, Nicola Hodgson, Diane Leyman, Sophie O'Kelly, Jo-ann Fortune e Gemma Seager.

A autora agradece também a Zuhair Alzahr, da Grade House. Um muito obrigada à srta. Loomes, srta. Jenkins, srta. Bloom e, por fim, mas não menos importante, ao sr. Freeman.

A RotoVision gostaria de agradecer a Colette Patterns, Siel Davos, Decades of Style Pattern Company, Ann-Marie Faulkner, Carrie Harwood, Mary Henderson, Jacqueline Rose, Audrey Rogers e Lisa Marshall por colaborarem com as belíssimas imagens.